Wracktauchen in der Ostsee

Stefan Baehr

WRACKTAUCHEN
in der Ostsee

WESTLICHE OSTSEE UND KLEINER BELT

Herausgegeben von Felicitas Hübner

Ein Buch der Zeitschrift *tauchen*

Jahr-Verlag Hamburg

Die Deutsche Bibliothek - CIP-Einheitsaufnahme

Baehr, Stefan:
Wracktauchen in der Ostsee : westliche Ostsee und kleiner Belt
/ Stefan Baehr. Hrsg. von Felicitas Hübner. [Beitr.: Claus
Valentin. Wrackrecherche: Adolf Gutmüller]. - Hamburg:
Jahr, 1995
  ISBN 3-86132-162-9
NE: HST

Copyright © 1995 by
Jahr-Verlag GmbH & Co., Hamburg
Herausgeber: Felicitas Hübner, Waldeck
Alle Rechte vorbehalten.

Jahr-Verlag Hamburg GmbH & Co.
Jessenstr. 1, D-22767 Hamburg
Telefon 040 / 38 906 0, Telefax 040 / 38 906 302

Konzept und Mitarbeit: Peter Hübner, Waldeck
Meeresbiologie: Dr. Claus Valentin, Flensburg
Wrackrecherchen: Adolf Gutmüller, Wolfsburg
Lektorat, Layout, Satz: Felicitas Hübner, Waldeck
Titelgestaltung: Kirsten Klempau
Litho & Druck: C W Niemeyer, Hameln

ISBN 3-86132-162-9

Inhalt

Die Ostsee – Ein zerbrechliches Ökosystem 9
Ausrüstung und Sicherheit beim Wracktauchen . 25
Wrackbeschreibungen/Erläuterungen 38
  1 „Doppelwrack" 43
  2 MS Transport 46
  3 Håbed 51
  4 Schnellboot S 103 56
  5 Erik 65
  6 „Steinfrachter" 69
  7 Inger Klit 71
  8 Sophie 79
  9 Räumboot R 222 85
10 Sten Trans 90
11 Svendborgsund 98
12 „Mittelgrundwrack" 104
13 Nordland 109
14 Kayt 112
15 „Kleiner Frachter" 119
16 „Betonschute" 124
17 Voitja 129
18 Brage 136
Unterwasserfotografie 141
Literaturhinweise 175
Notfall-Adressen 176

*Gewidmet meinem Freund Peter, gestorben am 6. Mai 1989
bei einem tragischen Surfunfall vor Langeland.*

Stefan Baehr

Unser Dank gilt

*Franz Mahrhofer für die technische Unterstützung
Hartwig Fette, meinem zuverlässigsten Tauchpartner
Dr. Claus Valentin und Martina Übel,
(Institut für Marine Biologie, Flensburg)
Adolf Gutmüller für die Wrackrecherchen
Hans Erik Hinrichsen (Charterboot Rasmus, Mommark)
Dr. Hubert Stieve (Tauchschule Wiking, Alt Duvenstedt)*

den Firmen

*Hugyfot, Stockach
Mohnsam GmbH, Offenbach a. M.
Sealux Unterwassertechnik, Kempten
Subtronic Unterwasser Lichttechnik, Kirchheim/T.
und speziell
Wiking Schlauchbootwerft Hanel GmbH, Hofgeismar*

für ihre Beratung und Unterstützung.

Bild umseitig:
Die als Tauchschiff eingesetzte FREEDOM vor Anker am Wrack der WILHELM GUSTLOFF, nordwestlich der Danziger Bucht im Juli 1992. Bei dieser Foto-Expedition des Felicitas Hübner Verlages mit Autor Stefan Baehr wurde das Konzept für dieses Buch aus der Taufe gehoben.

Die Ostsee –
Ein zerbrechliches Ökosystem

Wracks als Biotope

Die Ostsee ist ein typisches Brackwassermeer, ihr Wasser ist weder richtig süß noch richtig salzig, und nur wenige Meeresbewohner konnten sich dieser Situation anpassen. Gelingt einer aus der Nordsee kommenden Art das Überleben in der Ostsee, dann tritt sie zum Ausgleich dort oft in großer Individuenzahl auf. An der deutschen Ostseeküste stehen diesen Organismen nur wenige natürliche Hartböden zur Verfügung.

Der Seestern „Asterias" ist der einzige in der Ostsee vorkommende Seestern.

Die Ostsee

Strandkrabben bei der Paarung.

Die muskulöse Schlundöffnung im Zentrum des Tentakelkranzes einer Seenelke. Die Nahrung in Form kleiner Planktonorganismen wird dem Schlund auf mikroskopisch feinen Wimperbahnen zugeführt.

Die Ostsee

Seenelken auf Miesmuscheln am Wrack der STEN TRANS.

Strandkrabbe mit Seenelke huckepack; nachts am Wrack der BRAGE.

Die Ostsee

Strandkrabbe inmitten von Seenelken und Miesmuscheln. Am Wrack der VOITJA *1991.*

Versunkene Schiffe stellen daher eine Attraktion für festsitzende Tiere dar, und die im freien Wasser umherschwimmenden Larven besiedeln diese „sekundären Hartböden" in großer Zahl.

Dicht mit festsitzenden Tieren bewachsene Wracks ziehen eine Reihe von gut beweglichen Kleinstorganismen an, da sie dort Schutz und Unterschlupfmöglichkeiten finden. Zwangsläufig folgen räuberische Arten sowie Allesfresser wie zum Beispiel der Seestern *Asterias* oder die Strandkrabbe.

Ein Wrack kann so in kurzer Zeit ein neuer attraktiver Lebensraum der Ostsee werden. Als typische festsitzende Organismen sollen nachfolgend die Seenelken, die Miesmuscheln, die Seepocken und die Seescheiden vorgestellt werden.

Seenelken Die Seenelken gehören in die große Gruppe der Nesseltiere. Ihr Körper besteht aus einem Tentakelkranz, der die Mundöffnung umgibt, einem schlauchförmi-

Die Ostsee

Seenelken mit ausgestreckten Fangtentakeln neben einem fast kontrahierten Tier derselben Art. Auf den jungen Miesmuscheln siedeln Seepocken.

gen Körper und einer Fußscheibe, mit der sich die Seenelke am Untergrund festsaugt. Sie streckt bei guten Strömungsverhältnissen ihre Tentakel weit ins freie Wasser hinein. Mit Hilfe winzig kleiner Giftwaffen (Nesselzellen) auf den Tentakeln erbeutet sie kleinste Planktonorganismen, die im freien Wasser umherschwimmen. Die Nahrung wird anschließend über mikroskopisch feine Wimperbahnen zum Mund transportiert.

Pflanzt sich eine Seenelke fort, so können aus Samen und Eizellen Larven entstehen, die eine Zeitlang schwimmend im freien Wasser verbleiben, um sich schließlich einen günstigen Siedlungsort zu suchen und zu einer Seenelke heranzuwachsen. Weiterhin gibt es die Möglichkeit der ungeschlechtlichen Fortpflanzung. Dabei entstehen aus einer Seenelke durch Knospung Tochterindividuen und schließlich große Seenelkenfelder.

Die Ostsee

Seenelke auf einer Miesmuschel. Am Wrack der STEN TRANS 1991.

Die Ostsee

Taucher hinter mit Miesmuscheln bewachsenen Teilen der STEN TRANS.

Mies- Zu den auffälligsten festsitzenden Tieren der Ostsee
muscheln gehört die Miesmuschel. Sie verankert sich mit Hilfe von Klebfäden am Untergrund, um nicht von der Wasserströmung davongetragen zu werden. Produziert wird die Klebsubstanz im Fuß der Muschel, der sich zwischen den beiden Schalenhälften befindet, die das Tier umgeben und schützen.

Die Miesmuschel ernährt sich wie die Seenelke ebenfalls von kleinen Planktonorganismen. Sie besitzt zwischen den Schalenhälften jeweils eine Einstrom- und eine Ausstromöffnung. Durch die Einstromöffnung wird das planktonhaltige Wasser in den Muschelkörper gestrudelt und dort filtriert. Das verbrauchte Wasser, das auch zur Atmung gedient hat, wird über die Ausstromöffnung wieder nach draußen geleitet.

Miesmuscheln pflanzen sich über freischwimmende Larven fort. Häufig geht ein ganzer Schwarm dieser Larven auf dem Boden nieder und bildet so die für die Ostsee typischen Muschelbänke.

Die Ostsee

Seepocken besiedeln den harten Rückenpanzer einer Strandkrabbe.

Seepocken Die Seepocken sind festsitzende Krebse. Ihre freischwimmenden Larven setzen sich mit dem Kopf auf einer festen Unterlage nieder und heften sich mit Hilfe einer Zementdrüse fest. Ihr Körper wird vollständig von einem kalkigen Gehäuse umschlossen und gewährt ihm Schutz vor Feinden. Es bietet dem Krebs die Möglichkeit, selbst im extremen Flachwasser zu siedeln und gelegentlich trocken zu fallen, da stets Restwasser im Innern der Schale bewahrt wird.

Der Krebs hat seinen Körper seiner Lebensweise angepaßt. So sind seine Beine extrem verlängert und stark beborstet. Sie werden aus dem schützenden Gehäuse herausgestreckt, um Planktonorganismen aus dem freien Wasser zu filtrieren. Seepocken siedeln häufig auf dem harten Panzer von Strandkrabben. Sie sind dadurch sekundär beweglich geworden und werden gegebenenfalls besser mit Nahrung aus dem freien Wasser versorgt.

Die Ostsee

Die Schlauchseescheide ist die häufigste Seescheidenart in der Ostsee.

Die Ostsee

Seescheiden Die Seescheiden sind charakterisiert durch einen sackförmigen Körper mit zwei großen Öffnungen – einer Ein- und einer Ausstromöffnung. Sie erzeugen einen eigenen Nahrungswasserstrom mit Hilfe eines großen bewimperten Darmabschnittes, über den das Wasser filtriert sowie Planktonorganismen herausgefischt werden und in dem die Atmung erfolgt.

Seescheiden werden von einem derben Mantel umgeben, der für andere Tiere unverdaulich ist. Er stellt einen echten Schutz vor Feinden dar. Ausläufer dieses Mantels verankern die Seescheide auf dem Untergrund, sie bieten ihr damit sicheren Halt.

Von den wenigen Seescheidenarten der Ostsee ist die Schlauchseescheide die häufigste und wegen ihrer Größe – Länge bis 10 cm – die auffälligste und farblich variabelste Art.

Seescheiden pflanzen sich über freischwimmende Larven fort. Diese sind im Besitz eines Stützstabes, der als primitiver Wirbelsäulenvorläufer gedeutet wird. Seescheiden gehören daher in die nahe Verwandtschaft der Wirbeltiere. Setzt sich eine Larve fest, so wandelt sie sich in eine Seescheide um und verliert dabei den Stützstab. Neben dieser geschlechtlichen Fortpflanzung ist auch eine Vermehrung durch Knospung möglich und läßt so zum Teil große Seescheidenansammlungen entstehen.

Die Ostsee

Umweltprobleme der Ostsee

Ursache Bei der Zerstörung der Lebensräume der Ostsee liegt das Kernproblem in der Eutrophierung (Überdüngung).
   Zivilisationsbedingt werden große Mengen von Nährstoffen in das Wasser der Ostsee eingebracht. Gebundene Stickstoffe stammen aus Kläranlagen und Regenwasserüberläufen der Städte der Ostseeanrainerstaaten. Hinzu kommt der Eintrag von Mineraldünger und Gülle über Drainagewasser und kleine Bäche. Ammonium-Verbindungen aus der Massentierhaltung sowie Stickoxide aus Verbrennungsmotoren oder Heizungen werden über weite Entfernungen durch die Luft transportiert und vom Regen ausgewaschen.
   In den letzten hundert Jahren haben sich die Stickstoffeinträge in die Ostsee vervierfacht, die Phosphoreinträge mehr als verdoppelt.

Wirkung Die Ostsee ist, wie schon erwähnt, ein austauscharmes Binnenmeer. Aus der Nordsee strömt in der Tiefe salzreiches und kaltes Wasser in die westliche Ostsee und breitet sich am Boden aus. Das stark salzige und kalte Tiefenwasser wird von wärmerem sowie weniger salzhaltigem Oberflächenwasser überlagert. Als Folge entsteht eine Sprungschicht in etwa 10 bis 15 m Wassertiefe, die besonders während der Sommermonate, bei ruhiger Witterung, einige Wochen Bestand haben kann.
   Als Taucher kann man diese Sprungschicht deutlich fühlen und teilweise sogar sehen. Das Wasser an der Sprungschicht sieht häufig „schlierig" aus, als habe jemand dort Glyzerin hineingegossen. Die Temperatur nimmt schlagartig ab, außerdem ändern sich sehr häufig die Sichtverhältnisse beim Durchtauchen dieser Schicht. Es kann durchaus vorkommen, daß man voller Vorfreude bei einer hervorragenden Unterwassersicht abtaucht, um dann unterhalb dieser

Sprungschicht schlagartig in einer undurchsichtigen Algenbrühe zu stecken. Der umgekehrte Vorgang ist allerdings genauso häufig. Besonders bei sehr tief gelegenen Wracks wie dem Schnellboot *S 103* kann man gerade unterhalb dieser Sprungschicht großes Glück mit der Sichtweite haben. Mit modernen Ortungsgeräten wie Sidescan und Farbechograf kann man die Tiefe der Sprungschicht sogar im voraus feststellen.

Wir haben es in der Kieler Bucht auch erlebt, das beide Wasserkörper eine um 90° unterschiedliche Strömungsrichtung hatten. Besonders augenfällig wurde diese Erscheinung durch die unterschiedliche Krümmung der Bojenleine beim Abtauchen.

Das Tiefenwasser enthält sehr viele Nährstoffe und wenig Sauerstoff. Der größte Teil dieser Nährstoffe sind Altlasten, das heißt entstanden aus den Rückständen vorangegangener Algenblüten, die sich im Sediment am Grund abgelagert haben.

Durch die starken Winde des Winterhalbjahres werden die beiden aufeinandergelagerten Wasserkörper durchmischt, und die Nährstoffe des Tiefenwassers gelangen in das Oberflächenwasser. Sie ermöglichen dann das explosionsartige Algenwachstum im Sommer. Die Primärproduktion, berechnet als Biomassenzuwachs in Gramm Kohlenstoff unter einem Quadratmeter Wasseroberfläche pro Tag (siehe Grafik), erreicht bei höherer Temperatur und optimalem Lichtangebot Maximalwerte. Innerhalb weniger Tage vermehren sich einzelne Arten von mikroskopisch kleinen Kiesel- oder Geißelalgen explosionsartig. Innerhalb einer Woche kann sich die Biomasse des Phytoplanktons mehr als verdoppeln. Sichtbar wird dieser Vorgang durch die starke Trübung des Wassers, die als Sichttiefe mit einer genormten Secci-Scheibe gemessen wird. Die Sichttiefen verringern sich auf 1-2 m, und das Wasser nimmt eine grünliche bis bräunliche Färbung an.

Diese Phasen des übermäßigen Algenwachstums, die auch als „Algenblüten" bezeichnet werden, können bei Schönwetterlagen dicht aufeinanderfolgen. Im Unterschied zu früheren Zeiten ist das Nährstof-

Die Ostsee

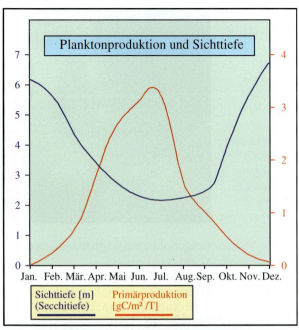

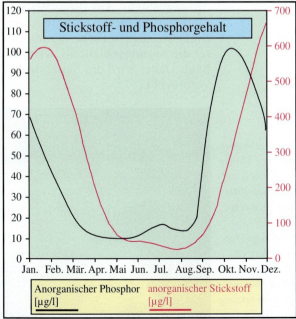

Meßwerte aus der Flensburger Förde, 1993.

Die Ostsee

Selbst im Flachwasser – wie hier in der Flensburger Innenförde – hat sich eine dicke Faulschlammschicht gebildet. Der Taucher kann seinen ausgestreckten Arm darin versenken.

fangebot heute so groß, daß es nicht mehr limitierend wirkt.

Wenn die Algen absterben und als sogenanntes Detrius absinken, bauen Bakterien die tote organische Substanz zunächst aerob (unter Sauerstoffverbrauch) ab. Teilweise geschieht dies oberhalb der Sprungschicht. Auf diese Weise werden die Nährstoffe sofort für die nächste Algenblüte freigesetzt. Sinkt die abgestorbene organische Substanz bis unter die Sprungschicht ab, wird sie dort aerob abgebaut. Dabei wird der Sauerstoff des Tiefenwassers verbraucht.

Schwefelbakterienbeläge können ein Hinweis auf eine unnatürlich hohe Ansammlung von abgestorbenem Tier- und Pflanzenmaterial sein, das der bakteriellen Zersetzung unterliegt.

Die Ostsee

Dieser Teil der Bordwand der KAYT war einige Monate vor Entstehen dieser Aufnahme noch dicht bewachsen, Oktober 1991.

Aber unter 4 mg/l Sauerstoff können keine Fische und unter 2 mg/l keine Wirbellosen des Meeresbodens mehr leben. Alles was bei fortdauerndem Sauerstoffmangel nicht abwandern kann, stirbt ab. Fäulnisbakterien übernehmen die Arbeit des anaeroben Abbauens des Detrius. Schließlich bildet sich Faulschlamm und giftiger Schwefelwasserstoff sowie Ammoniak. Der Sauerstoffgehalt geht dabei gegen Null. Der Taucher kann dieses Stadium an der Verfärbung des Meeresbodens von braun nach schwarz erkennen. Diese anaeroben Zonen, die als Todeszonen zu betrachten sind, breiten sich in der Ostsee aus der Tiefe kommend in immer flachere Zonen aus. Mittlerweile wird mehr als ein Viertel des Ostseebodens von Faulschlamm bedeckt.

Was kann zur Rettung der Ostsee noch getan werden?

Bisher ist es kaum möglich, die übermäßigen Nährstoffeinträge gezielt auszuschalten. Lediglich die Phosphateinleitung konnte in den letzten Jahren durch den Einsatz phosphatfreier Waschmittel und durch den Einbau von Phosphat- und Nitratstufen in den Kläranlagen verringert werden. In diesem Zusammenhang ist es besonders interessant zu wissen, daß biologische Kläranlagen ohne solche Fällungsstufen zwar im hygienischen Sinn sauberes, aber auch äußerst nährstoffreiches Wasser abgeben.

Selbst ein illusorischer, sofortiger Stop aller Nährstoffeinträge würde erst nach einigen Jahrzehnten eine grundlegende Verbesserung der Verhältnisse bringen. Der Grund dafür ist in den großen Mengen organischer Substanzen zu suchen, die in den Sedimenten des Ostseebodens gebunden sind. Aus diesen Sedimenten werden immer wieder Nährstoffe freigesetzt.

Das Fatale ist, daß sich zu den in zu hohem Maße neu eingebrachten Nährstoffen immer wieder die Altlasten der vergangenen Jahre gesellen. In der Natur geht eben nichts verloren. Aus diesem Grunde ist die Zerstörung des Biotops Ostsee kein linear ansteigender Prozeß, sondern er verhält sich exponentiell, das heißt, die Geschwindigkeit nimmt stetig zu!

Heute kommt es darauf an, die faßbaren Quellen der Einträge schnellstmöglich zu beseitigen. Dazu gehören alle punktförmigen Zuflüsse wie Kläranlagen, Vorfluter und Abflüsse von Regenwassersammelbecken. Die Abwässer aus diesen Quellen müssen wirksam gereinigt, das heißt auch von Nährstoffen befreit werden. Dasselbe gilt auch für die Abwässer der zahlreichen Schiffe auf der Ostsee.

Wesentlich problematischer sind die Nährstoff-Auswaschungen aus der Bodenfläche zu handhaben. Eine leichte Milderung kann z.B. die Verordnung bringen, von Uferrandstreifen eine mindestens 10 m breite Fläche unbearbeitet zu lassen. Trotzdem ist die Belastung durch Dünger aus der Landwirtschaft immer noch viel zu hoch. So wie die Nitrate aus der Landwirtschaft schon im Binnenland unser Grund- und Trinkwasser belasten, gelangen sie natürlich auch durch Flüsse und Bäche in die Ostsee.

Das Problem des Nährstoffeintrags aus der Luft, der immerhin mehr als die Hälfte des gesamten Stickstoffeintrags ausmacht, ist nur von allen Anrainerstaaten gemeinsam lösbar.

Tip für Taucher

Um die Zusammenhänge zwischen den Biotopen und den Problemen der Ostsee besser verstehen zu lernen, empfiehlt sich die Teilnahme an einem Meeresbiologischen Seminar für Sporttaucher.

Ausrüstung und Sicherheit beim Wracktauchen

Ausrüstung und Vorbereitung

Die Ausrüstung zum Wracktauchen in der Ostsee unterscheidet sich von der Taucherausrüstung, die zum Beispiel für das Mittelmeer oder die Tropen geeignet ist.

Kälteschutz Wichtigste Voraussetzung für das Tauchen in kalten Gewässern wie der Ostsee ist ein wirksamer Kälteschutz. Eigentlich kommen hier nur noch Trocken- und Semitrockentauchanzüge in Frage, wobei man in der kalten Jahreszeit sogar nur noch mit den völlig wasserdichten Trockentauchanzügen klarkommt. Da einige Wracks bis zu 40 m tief liegen, ist ein Nullzeittauchgang nahezu unmöglich. Wenn der Taucher stark friert oder ausgekühlt ist, kann es zum Auftreten von Dekompressionskrankheiten kommen, obwohl die Dekompression nach Austauchtabelle oder Computer vorschriftsmäßig durchgeführt worden ist. Durch die Auskühlung braucht der Stickstoff im Blut und in den Geweben länger, um wieder abgeatmet werden zu können. Dies ist bei der Dekompression zu berücksichtigen.

Handschuhe sind ein Muß. Sie schützen vor scharfen Wrackkanten. Daß man mit kalten Fingern seine Tauchausrüstung nicht mehr sicher bedienen kann, sollte jedem Taucher zudem klar sein. Ob Dreifinger- oder Fünffingerhandschuh, ist nicht entscheidend.

Bei Trockentauchanzügen unterscheidet man zwei verschiedene Ausführungen: die Membran-Trockentauchanzüge aus einem dünnen, wasserdichten Material und die Neopren-Trockentauchanzüge, die aus 5-8 mm dickem Neoprenschaumgummi gefertigt sind. Die „dünnen" sind nur wasserdicht, das heißt, die Isolierwirkung wird durch die darunter getragene spezielle Kleidung erreicht. Bei Neopren-Trockentauchanzügen isoliert das Material des Anzuges selbst, es wird meist nur noch ein einfacher Jogginganzug darunter getragen. Beide Varianten haben ihre Vor- und Nachteile. Die Membrananzüge haben meist eine etwas größere Lebensdauer, die jedoch ab und zu durch Reparaturen der anfälligen Dichtmanschetten aus Latexgummi gestört wird. Bei Membran-Trockentauchanzügen braucht man in der Regel weniger Blei mitzunehmen. Neopren-Trockentauchanzüge sind schwieriger anzuziehen, dafür ist aber das Tragegefühl wesentlich angenehmer. Ein Neopren-Trockentauchanzug wärmt auch dann noch etwas, wenn er, was auch passieren kann, infolge eines Defektes voll Wasser läuft. Ein komplettes Vollaufen dauert bei diesen Anzügen erheblich länger als bei jenen aus den gummierten Geweben, da die dicke, elastische Neoprenschicht immer noch das Bestreben hat, einen eventuellen Riß etwas zu verschließen, außerdem liegen die „Neoprener" enger am Körper an. Diese Sicherheitsreserve kann bei dekopflichtigen Tauchgängen lebensrettend sein.

Tarierhilfe Wegen möglicher Defekte ist auch beim Tauchen mit Trockentauchanzügen, mit denen man eigentlich ohne weitere Tarierhilfe auskommen könnte, die Verwendung eines Jackets oder einer Rettungsweste dringend anzuraten, und das nicht nur beim Wracktauchen.

Vereisungsgefahr Ab einer Wassertemperatur von etwa 4 °C und darunter beginnt die Gefahr einer Vereisung der Atemregler. Eine Vereisung äußert sich durch unkontrollierbares Luftabblasen des betroffenen Reglers.

Alle in kalten Gewässern beim Wracktauchen eingesetzten Atemregler sollten nach heutigem Stand der Technik vereisungssicher sein. Tatsächlich gibt es aber bislang keine hundertprozentig vereisungssicheren Atemregler. Aus diesem Grund verwenden wir stets einen kompletten zweiten Atemregler (erste plus zweite Stufe!) an unserem Tauchgerät. Damit es sich wirklich um zwei getrennte Systeme handelt, die sich beim Versagen eines Systems durch Vereisung einzeln schließen lassen, gehört ein Ventil mit zwei separaten Ausgängen auf die Tauchflasche. So ausgerüstet, kann man ohne allzugroßen Luftverlust den vereisten Regler zudrehen und mit dem verbliebenen Regler den Tauchgang beenden.

Daß man bei drohender Vereisungsgefahr einen größeren Luftvorrat mitnehmen sollte als bei einem vergleichbaren Tauchgang in wärmeren Gewässern, versteht sich von selbst, da bei der enormen Luftlieferleistung moderner Automaten eine Flasche bei Vereisung in nur wenigen Minuten leergeblasen sein kann.

Oktopus erwünscht

Einige Tauchbasen an der Ostsee schreiben heute sogar schon in ihre Unterlagen: „Oktopus erwünscht!" Das heißt, sie bitten darum, daß, falls nicht das eben beschriebene System verwendet wird, wenigstens die Kombination aus einer ersten und zwei zweiten Stufen eines Reglers vorhanden sind. Man fordert dies, damit man in einer eventuell prekären Situation – schlechte Sicht in Verbindung mit starkem Wellengang und starker Strömung – nicht auch noch einen Aufstieg unter Wechselatmung vollführen muß.

Wenn ein dekompressionspflichtiger Tauchgang geplant ist, muß ein Reservegerät vorhanden sein. Es sollte nicht im Boot liegen, sondern in 3 m Wassertiefe am Ankerseil hängen, ausgerüstet mit Finimeter und Lungenautomaten.

Schneidwerkzeuge

Wracks sind in ihrer Funktion als künstliche Riffe Oasen in der übrigen Wasserwüste, und viele sind folglich übersät mit Fischereigeräten wie Netzen, Angelködern und Angelschnüren. Da man leicht daran hängenbleiben kann, muß der Wracktaucher ein wirklich sehr scharfes Schneidwerkzeug bei sich haben. Hierfür eignen sich gute Tauchermesser und zusätzlich kleinere Garten- oder auch Geflügelscheren. Mit einer solchen Schere lassen sich Netze besser auftrennen als mit dem Tauchermesser. Scheren, die

Ausrüstung

schließlich nicht für das Tauchen gedacht sind, korrodieren jedoch im Salzwasser. Abhilfe schafft eine wasserdichte Hülle wie zum Beispiel die von *ewamarine* oder das Einschweißen in Folie. Das ausgewählte Schneidwerkzeug muß in jedem Fall geeignet sein, Polyesterleinen bis zu einem Durchmesser von 6 mm mühelos zu durchtrennen, dickere Leinen zersägt man dann besser mit dem Tauchermesser. Es empfiehlt sich, Messer, Schere oder Seitenschneider schon vor dem Taucheinsatz auf ihre Eignung hin zu testen.

Licht

Hat man vor, nicht nur bei, sondern auch in einem Wrack zu tauchen, gehören gute Unterwasserlampen unbedingt mit zur Ausrüstung. Der Wracktaucher sollte dann am besten über einen starken Handscheinwerfer (30-100 Watt) sowie über eine Unterwasser-Taschenlampe als Notlicht verfügen. Sehr gut bewährt haben sich auch, abgeschaut von den Höhlentauchern, solche Taschenlampen jeweils rechts und links an einen Kajakhelm montiert. So hat man automatisch immer dort Licht, wo man gerade hinsieht, und die Hände bleiben frei. Dies ist ein riesiger Vorteil beim Fotografieren und bei anderen Unterwasserarbeiten.

Die an einen Helm montierten Lampen müssen sich jedoch unter Wasser ein- und ausschalten lassen, da sonst Kommunikationsprobleme mit dem Tauchpartner, hervorgerufen durch Blendung, auftreten können.

Leine

Genauso wichtig wie gutes Licht ist bei Tauchgängen im Wrack eine Sicherungsleine mit zwei Karabinern, um den Rückweg aus einem Wrack zu finden, denn schon ein unbedachter Flossenschlag kann soviel Sediment aufwirbeln, daß völlige Orientierungslosigkeit die Folge ist.

Signalmittel

Ein wichtiges Gerät für den Notfall ist auch eine Abschußvorrichtung für Signalkugeln. Neben den roten Signalkugeln sollte man wenigstens eine weiße Kugel bei sich führen, da man aus einem kurzzeitig

Ausrüstung

"außer-Sicht-Geraten" nicht sofort einen größeren Seenotfall machen muß. (Später dann allerdings schon ...)

Entgegen den Aussagen einiger Hersteller ist die Signalmunition nicht dauerhaft gegen Wasserschäden beim Tauchen geschützt. Es empfiehlt sich hierfür dieselbe Maßnahme wie bei den Schneidwerkzeugen.

Jeder Taucher sollte eine große, orangefarbene, aufblasbare Signalboje in seinem Jacket mitführen. Bewährt haben sich Bojen, die sich mit dem Lungenautomaten aufblasen lassen und dann eine Länge von 120-160 cm haben bei einem Durchmesser von etwa 15 cm. Diese "langen Würste" erleichtern der Bootscrew das Auffinden abgetriebener Taucher vor allem auch bei Wellengang. Kleine runde Bojen eignen sich nicht so gut, da man sie schnell aus den Augen verliert.

Tauchen vom Schlauchboot aus

Schlauchboote sind zum Wracktauchen nur bedingt einsetzbar, und angesichts der mitzuführenden Ausrüstung ist nicht jedes Schlauchboot dazu geeignet.

Folgendes sollte dabei bedacht werden: ausreichend Treibstoff plus Reservekanister, 2 Notpaddel, Kompaß und Seekarte, genügend Ankerleine, Seenotraketen und Sprechfunkgerät, ein tragbares Sauerstoffgerät, eine angemessene Menge alkoholfreier Getränke.

Das Schlauchboot sollten Sie, wenn möglich, am Wrack befestigen und eine Bootswache an Bord lassen. Nicht nur bei schwankenden Wetterbedingungen ist die Faustregel ratsam: Nie weiter rausfahren, als man mit dem Paddel zurückrudern könnte.

Sicherheit beim Wracktauchen

Nicht nur die geeigneten Geräte, sondern auch ein den besonderen Gegebenheiten beim Wracktauchen angepaßtes Verhalten tragen dazu bei, Tauchunfälle zu verhindern.

Sicherheit

Bei allen Bootstouren ist vorher unbedingt der Wetterbericht für das Seegebiet einzuholen. Wer sich für das Wracktauchen in der Ostsee entschließt, sollte nicht gleich mit den tiefsten Wracks anfangen. Einige Anforderungen sollte ein Taucher erfüllen: Erfahrung von mindestens 20-30 Tauchgängen, sicheres Tarieren und ein gewisses Maß an Kondition.

Beim Abtauchen ist das Wrack von der Oberfläche aus am Grund nicht zu sehen. Da man als „Anfänger" schwer schätzen kann, wie schnell man absinkt, kann man sich erschrecken, wenn das Wrack plötzlich aus dem Dunkeln vor einem auftaucht. Hier ist der Gruppenführer gefragt. Er taucht als erster an der Anker- bzw. Markierungsleine ab. Die nachfolgenden Taucher können sich so an ihm orientieren. Beim Abtauchen ist der Gruppenführer der tiefste Punkt. Er wird nicht überholt, denn es kann ja auch mal sein, daß der Gruppenführer Probleme mit dem Druckausgleich hat. In diesem Fall wären die Anfänger unten allein am Wrack, und bedingt durch die eingeschränkte Sicht wäre keine Verständigung möglich. So kann leicht eine – vermeidbare – Gefahrensituation entstehen. Kein Tauchunfall passiert aus heiterem Himmel. Es gibt in den meisten Fällen vorher Anzeichen, die beispielsweise eine Panik ankündigen – nur werden sie oft verkannt.

Bojengeschirr

Sicherheit fängt schon bei der korrekten Handhabung des Bojengeschirrs an. In der Regel wird ein vom Tauchschiff geortetes Wrack mit einer Boje markiert. Für den Erfolg des Tauchganges ist es wichtig, daß das Bojengewicht auf oder aber wenigstens direkt neben dem Wrack liegt. Bei den geringen Sichtweiten in der Ostsee kann man sich Fehlwürfe von 20 m oder mehr nicht leisten. Oft sind es die Taucher selbst, die sich die Chance, das Wrack zu finden und zu betauchen, zunichte machen, indem sie sich an der Bojenleine zum Wrack herunterzuziehen versuchen. Auf diese Weise haben es Tauchgruppen schon fertiggebracht, ein Grundgewicht um ca. 20 m zu versetzen. Ein freies Antauchen des Wracks von der Bojenleine oder vom Grundgewicht aus ist dann kaum möglich. Ziemlich sicher ist dabei nur, daß man die Bojenleine nicht wiederfindet und nun als Belohnung im freien Wasser, im „Blindflug" auftauchen darf. Ein guter Taucher bewältigt solch eine Situation zwar, aber es kann dabei auch passieren, daß man von einer eventuellen Strömung so weit versetzt wird, daß die Besatzung des Basisschiffes Mühe hat, so ein paar kleine auf dem Wasser treibende Punkte zu entdecken ...

Suche vom Grundgewicht aus

Die einzige gefahrlose und realistische Weise, von einer verrissenen Boje aus das Wrack noch zu finden, bietet eine knapp über dem Grundgewicht eingeschäkelte Sicherungsleine, mit der man, das andere Ende fest in der Hand, einen Kreis um die Bojenleine schwimmt. Eine sinnvolle Leinenlänge liegt dabei bei ca. 30 m, wobei die Handhabung einer sehr langen Leine unter Wasser dem Ganzen eine natürliche Grenze setzt. Trifft man bei dieser Ehrenrunde auf das Wrack, befestigt man die Sicherungsleine am Wrack, schwimmt daran zurück und holt das Bojengewicht samt Bojenleine nach, denn die Boje, in der Regel mit einer Taucherflagge versehen, dient auch als Warnmarke für vorbeifahrende Wasserfahrzeuge.

Suche mit Handsonar

Man kann die Suche mit der Leine auch etwas beschleunigen. Das kleine Handsonar *Scubapro PDS 2* bietet die Möglichkeit, ein auf dem Meeresboden liegendes Wrack horizontal zu orten. Die Sicherungsleine wird einem hierdurch jedoch nicht erspart, da der Versuch, aus größerer Entfernung die Bojenleine wiederzufinden, auch mit dem Handsonar meist zum Scheitern verurteilt ist.

Lage des Grundgewichtes merken

Nun ist die Boje beim Wrack, und die Erkundung oder die Fotopirsch kann losgehen. Doch vergessen Sie nicht, sich die Stelle, an der das Bojengewicht liegt, genau einzuprägen. Werfen Sie dazu auch einen Blick auf Ihren Tiefenmesser und merken Sie sich in der Nähe liegende markante Wrackteile, denn es kann passieren, daß Ihr Kompaß auf einem großen Stahlwrack nicht mehr zuverlässig arbeitet. Bei Nacht-

Sicherheit

tauchgängen ist es sinnvoll, ca. 2 m über Grund bzw. „über Wrack" an der Bojenleine eine kleine Blitzlampe zu befestigen. Sie erleichtert das Wiederfinden der Leine bei der Rückkehr.

Militärische Wracks An einigen Wracks in der Ostsee drohen Gefahren durch Altlasten zweier Weltkriege. Bei militärischen Wracks ist es nicht ausgeschlossen, auf Munitionsreste zu stoßen.

Konventionelle Munition In und auch bei den Wracks in der westlichen Ostsee liegen vor allem Reste von konventioneller Munition. Für den Taucher muß absolut klar sein, daß auch schon das bloße Berühren solcher Gegenstände mit Lebensgefahr verbunden ist.

Die Betreiber der Tauchbasenschiffe melden solche Munitionsfunde den zuständigen Behörden, so daß davon ausgegangen werden kann, daß Wracks, die regelmäßig von Tauchschiffen angefahren werden, geräumt sind. Dennoch kann etwas übersehen worden sein.

Giftgasmunition Die von allen zu Recht so gefürchtete Gasmunition, nach dem zweiten Weltkrieg verantwortungslos in den Meeren versenkt, haben wir bei den beschriebenen Wracks in dieser Gegend nicht entdeckt. Der Hauptteil dieser Munition wurde in der Gegend von Bornholm versenkt, also weiter im Osten. Allerdings ist nicht die gesamte Ladung der Schiffe mit der tödlichen Fracht auch dort angekommen. Schiffsbesatzungen, die keine Lust oder aufgrund schrottreifer Fahrzeuge keine Möglichkeit hatten, so weit zu fahren, haben einfach schon vorher „verklappt". Den dienstverpflichteten Schiffsbesatzungen konnte man hierbei noch die geringsten Vorwürfe machen. Ihre Transportfahrzeuge waren größtenteils in einem derart desolaten Zustand, daß die Giftgasmunition, hätte man sie nicht vorher über Bord geworfen, auch schon lange vor dem Zielgebiet auf dem Grund der Ostsee gelandet wäre, dann aber samt Schiff.

So ist der Seeweg von den ostdeutschen Häfen bis Bornholm mit Giftgasmunition verseucht. Vor allem

Sicherheit

2,5 cm Granaten in einer Kiste.

dänische Fischer sind heute noch von diesen kriminellen Entsorgungsmethoden betroffen.

Für Taucher, die auf Munition dieser Art treffen, gilt: Den Tauchgang bei dem verseuchten Wrack sofort abbrechen, nach der Rückkehr an Land den entsprechenden Stellen (Polizei, Marine) den Vorfall melden.

Verlassen Sie sich bei einem solchen Fund nicht auf den Schutz Ihres Taucheranzuges. Der Gummistiefel eines Fischers schützt seinen Träger bei Kontakt mit Giftgasresten ca. 3-5 Minuten. Länger hält ein Taucheranzug auch nicht!

Wasserbomben auf dem Heck eines ehemaligen deutschen Kriegsschiffes.

Sicherheit

Diese ernstzunehmenden Warnhinweise sollen Ihnen keinesfalls das Tauchen und Baden in der Ostsee vermiesen, aber zur Vorsicht mahnen. Wie schon angemerkt, haben wir bisher keine Giftgasreste in den hier beschrieben Gebieten bei oder in den Wracks gefunden.

Angst beim Tauchen

Dieses Thema wird von vielen Tauchern gemieden oder einfach „heldenhaft verdrängt". Da aber zumindest der Ursprung vieler Tauchunfälle im Kopf stattfindet, wollen wir uns mit der Angst beim Tauchen auseinandersetzen.

Große Wassertiefen in dunklen Gewässern wie der Ostsee oder auch tiefen Binnenseen begünstigen das Aufkommen von Angstgefühlen. Beim Wracktauchen kommt noch das für viele unbekannte Phänomen hinzu, statt an einer massiven Fels- oder Riffwand nur mit einem dünnen Seil in der Hand abtauchen zu müssen. Auch Strömung und vor allem die Kälte in größerer Tiefe tragen dazu bei, den Taucher einzuschüchtern.

Angst vor dem „Unbestimmten"

Wir neigen dazu, uns vor dem „Unbestimmten", vor dem, was wir nicht kennen, was nicht greifbar ist, zu fürchten. Meist haben wir davor viel größere Angst, als vor Dingen, die real gefährlich sind.

Fast jeder erfahrene Taucher kennt das undefinierte, dieses „was-in-aller-Welt-tust-du-hier"-Gefühl, das sich einstellen kann, wenn man in großer Tiefe und unheimlichem Dämmerlicht eine Weile nicht gefordert ist, weil sich einfach nichts tut, was einen von seinen unterschwelligen Ängsten ablenkt. Mancher Fotograf kennt das Problem: solange man sich mit der Kamera beschäftigt, ist alles o.k., macht man eine „schöpferische Pause" und schwimmt unschlüssig herum, denkt man über seine eigenartige Situation nach, dann wird es einem mulmig ... Diese unbestimmte Angst ist bei jedem Taucher latent vorhanden, nur die Intensität und die Schwelle, ab der sie zu einem echten Problem werden kann, ist bei jedem Menschen unterschiedlich.

Sicherheit

Reale Angst Ein ganz normaler Tauchgang kann plötzlich durch eine kleine Begebenheit in eine gefährliche Situation umschlagen. Da platzt ein Schlauch, man bleibt irgendwo hängen und glaubt sich nicht mehr befreien zu können, oder – ganz banal – man verliert einfach seine Maske, weil die Bebänderung gerissen ist. Ob aus einer Kleinigkeit ein Problem wird, hängt hier in erster Linie davon ab, wie man innerlich auf solche Situationen vorbereitet ist.

Eine fundierte Ausbildung und ständiges Training helfen, Krisensituationen schon im Anfangsstadium zu entschärfen. Ein so gestärktes Selbstbewußtsein hilft, Panik zu vermeiden. Dazu dient auch mentales Training. Gehen Sie jede Situation, die Ihnen Angst bereitet, gedanklich durch. Überlegen Sie: „Wenn die Situation X wirklich eintritt, dann werde ich nacheinander folgende Schritte einleiten ..."

Wenn Sie sich über die richtigen Schritte nicht schlüssig sind, sprechen Sie offen mit Ihren Tauchkameraden darüber oder fragen Sie in einer guten Tauchschule nach.

Umgang mit der Angst Akzeptieren Sie einfach die Tatsache, daß Sie unter Wasser Angst bekommen können. Es ist nichts Peinliches daran. Ein gestandener Tauchlehrer, der frisch von den Malediven zu uns an die Ostsee kam, ist auf halbem Weg an der Bojenleine umgekehrt.

Überfordern Sie sich nicht gleich am Anfang. Steigern Sie sich langsam und lassen Sie sich nicht zu Tauchgängen überreden, die sie sich noch nicht zutrauen! Der Tauchlehrer, der an der Leine umgekehrt ist, war ein Profi; er wußte, inwieweit er seine Ängste im Griff hatte und wann sie für ihn zu einem ernsten Problem werden können. Deshalb kehrte er um, und das sollten Sie sich auch trauen, wenn Sie meinen, daß es besser für Sie ist. Kein anderer Taucher hat das Recht, Ihnen deswegen Vorwürfe zu machen, auch dann nicht, wenn Sie damit „den ganzen Tauchgang schmeißen". Letztendlich sind Sie selbst für Ihr Leben und Ihre Gesundheit verantwortlich, und es nützt Ihnen wenig, wenn sich nur Ihr Tauchpartner „den Tauchgang zutraut".

Sicherheit

Wenn es einen doch erwischt ...

Wenn sich so ein mulmiges Gefühl einstellt, achten Sie einmal auf Ihre Körperlage. Meist werden Sie dabei feststellen, daß Sic mehr oder weniger senkrecht im Wasser stehen, der Kopf ist oben, und die Beine sind abgesunken. Das Atmen fällt in dieser Lage schwerer und verstärkt Ihr unangenehmes Befinden. Korrigieren Sie das sofort! Gehen Sie wieder in die horizontale Lage, strecken Sie Ihren Körper bewußt und energisch durch. Eine einfache Maßnahme, die aber Ihrem Selbstbewußtsein unter Wasser enorm gut tut. Oft ist das Problem damit schon erledigt. Häufig hilft es, sich für eine Weile irgendwo festen Halt zu suchen. Bleiben Sie aber auch dabei in waagerechter Schwimmlage. Konzentrieren Sie sich auf die „wirklichen Fakten" des Tauchganges. Checken Sie Ihre „Ressourcen": „Nullzeit o.k., Luft o.k., ich selbst o.k., also was soll schon schiefgehen?"

Wichtig ist bei dieser Aktion vor allem, daß Sie damit Ihr Selbstbewußtsein stärken, um so die Angst zu überwinden. (Dabei sollten Sie jedoch realistisch sein, 20 bar Atemluft in 40 m Wassertiefe sind nicht o.k!)

Um keine Mißverständnisse aufkommen zu lassen, sei deutlich darauf hingewiesen, daß die „Tips zur Stärkung des Selbstbewußtseins" hier nicht dazu verhelfen sollen, anschließend noch tiefer tauchen zu können. Es geht darum, ein schon bestehendes Problem einer unbegründeten, also irrationalen Angst abzuwenden, um eine eventuell daraus entstehende, wirklich gefährliche Paniksituation zu vermeiden.

Hilft das alles nicht, signalisieren Sie Ihrem Tauchpartner per Handzeichen, daß Ihnen unwohl ist. Leiten Sie dann einen „geordneten Rückzug" ein. Setzen Sie sich kleine Ziele: „Erst einmal raus aus dem Wrack, jetzt an der Reling entlang zur Leine zurück, so, jetzt in aller Ruhe austauchen ..." Ordnen Sie dabei Ihre Gedanken, lassen Sie sich nicht entgleiten, rufen Sie sich einfach selbst zur Ordnung, seien Sie dabei ruhig etwas aggressiv zu sich selbst, auch das unterdrückt die Angst und entkräftet anschleichende Panikgefühle.

Sicherheit

Alles am Tauchen ist eine Frage der Vorbereitung, und man kann die eigene Psyche durchaus bewußt trainieren. Die Psyche – denn Angst, wie ihre Steigerung, die Panik, ist eine Emotion. „Ich habe noch nie gepanikt!" mag einer lässig angeben. Schade, denn sonst hätte er gebührenden Respekt vor diesem Phantom, das jeden Taucher packen kann und unerkannt hinter den Kulissen vieler tragischer Tauchunfälle steht! Man kann Panik als *rasch einsetzende Überreaktion ohne Einflußnahme des Verstandes* definieren. Rasch ja, aber nicht unabwendbar – wenn wir unsere eigenen Signale verstehen. Panik ergreift uns fast nie total, sondern ist tatsächlich zu stoppen, wenn wir weiter *bewußt denken* (siehe oben!), wie auch durch Hilfe unseres Tauchpartners.

Zuerst müssen wir erkennen, daß wir nicht immun gegen Panik sind, daß manche Dinge sie bereits im Ansatz spürbar machen und daß wir uns auch vor Angstgefühlen fürchten. Die heimtückische Überraschung durch Panik gelingt nicht, wenn wir bereit sind, mit ihr zu rechnen! Besprechen und üben Sie „Panik-Anzeichen" mit Ihrem Tauchpartner, damit Sie gegenseitige „Brenzlichkeiten" kennen und helfend zur Seite sein können. Und reden Sie offen über alles, was Ihnen unter Wasser ungute Gefühle bereitet. Nichts von alldem ist banal, sondern es ist wertvoll – damit schwindet die Angst vor der Angst, und das ist die beste Voraussetzung für diesen schönen Sport, mit Sicherheit!

Wrackbeschreibungen

Erläuterungen zum Text und zu den Grafiken

Grafiken   Grafiken in der Draufsicht mit eingeblendeter Kompaßrose stellen gleichzeitig einen Lageplan dar. Aus diesen Grafiken ist auch die geografische Ausrichtung des Wracks zu ersehen.

Grafiken mit dem Hinweis „nicht maßstäblich" sind grobe Skizzen und dienen zur ersten Orientierung unter Wasser.

In den meisten Grafiken sind kleine blaue Kameras mit einem roten Zeiger und einer Nummer daran eingezeichnet. Dies sind „Kamerastandpunkte". Die stilisierte Kamera kennzeichnet den Kamerastandpunkt, der rote Zeiger die Blickrichtung. Die dazugehörige Nummer finden Sie in der Bildlegende des entsprechenden Wracks wieder. Auf diese Weise haben Sie die Möglichkeit, den Entstehungsort der jeweiligen Aufnahmen schnell und einfach nachzuvollziehen.

Fahrtzeiten   Die jeweiligen Fahrtzeiten wurden über die aus der Seekarte abgegriffenen Strecken bei einer Geschwindigkeit von etwa 7 kn berechnet. Sie können durch Witterungsbedingungen, Strömung oder Beschaffenheit des Bootes von den tatsächlich benötigten Zeiten abweichen.

Richtwerte   Die angegebenen Richtwerte sollen dem Taucher helfen, die für das eigene Interessengebiet bzw. der bisherigen Taucherfahrung entsprechend geeigneten Wracks zu finden. Auch Gruppen von Tauchern können anhand dieser Richtwerte festlegen, wer wann und mit wem am sinnvollsten taucht oder gegebenenfalls einmal aussetzt. Weiterhin ermöglichen sie Unterwasserfotografen, sich schon im voraus die entsprechende Ausrüstung für den Tauchgang oder die Ausfahrt zusammenzustellen.

Wrackbeschreibungen

Schwierigkeitsgrad Die Richtwerte haben Gültigkeit bei ruhiger See bis zu einer Windstärke von etwa 3 Bft. Hohe Windstärken und damit entsprechender Seegang können die Bewertung je nach geografischer Lage des Wracks um ein bis zwei Sterne erhöhen, bzw. das Tauchen völlig unmöglich machen.

Bei diesen Kriterien wurden absichtlich keine Ausbildungsstände der verschiedenen Tauchsportverbände herangezogen. Unsere Erfahrungen haben gezeigt, daß diese Ausbildungsgrade unter den von den üblichen Urlaubstauchbedingungen stark abweichenden Ostseebedingungen kaum Rückschlüsse auf die tatsächliche Leistungsfähigkeit des einzelnen Tauchers zulassen. Vielmehr ist die individuelle Taucherlaufbahn entscheidend – wie viele Tauchgänge und unter welchen Bedingungen. Ein Tauchgang in einer dunklen und kalten Talsperre ist ein besseres Training für die Ostsee als ein längerer Tauchurlaub am Roten Meer. Ein Taucher mit nur den notwendigsten Brevets, aber etlichen Kaltwassertauchgängen auf dem Konto kommt an einem „Fünfsternewrack" in der Ostsee unter Umständen weiter, als ein Tauchlehrer, der einige Jahre in den Tropen gearbeitet hat.

* Sehr einfach zu betauchen. Ideal, um beispielsweise seinen ersten Bootstauchgang durchzuführen.

** Leicht zu betauchen. Für Wrack-Einsteiger gut geeignet.

*** Mittlere Anforderungen. Unerfahrene Wracktaucher nur in Begleitung von wirklich erfahrenen Tauchern.

**** Hohe Anforderungen. Erfahrene Taucher, die völlig selbstständig tauchen können und schon ein einige Ostseewracktauchgänge gemacht haben.

***** Extremes Tauchen. Für erfahrene Taucher, die genau wissen, daß sie notfalls auch allein zurechtkommen. (Keine Panik bei Abriß des Kontaktes zum Tauchpartner in großer Tiefe und völliger Dunkelheit).

Wrackbeschreibungen

Interessant-heitsgrad	*	Nur noch Wrackreste vorhanden.
	**	Viel interessanter als ein reiner Strandtauchgang, Wrack teilweise als ehemaliges Schiff erkennbar.
	***	Lohnender Wracktauchgang, Schiff noch als solches zu erkennen.
	****	Interessantes Wrack, teilweise sind auch Innenräume betauchbar. Das Schiff hat unter Umständen eine interessante Geschichte zu bieten.
	*****	Sehr interessantes Wrack. Besonders gut erhalten oder besonders sehenswerter Bewuchs; eventuell bietet das Wrack eine sehr interessante Geschichte. Ein so gekennzeichnetes Wrack ist in nahezu jeder Hinsicht etwas Spezielles.
Makrofotografie	*	Sehr schlechte Bedingungen, kein oder eintöniger Bewuchs.
	**	Schlechte Bedingungen, eintöniger Bewuchs.
	***	Mäßige Bedingungen, aber man sollte die Makrokamera schon dabei haben.
	****	Gute Bedingungen für die Makrofotografie. Vielfältige Lebensformen vorhanden.
	*****	Hervorragende Bedingungen, das gesamte Spektrum der an den Wracks vorkommenden Ostseelebensformen ist vorhanden. Das Wrack ist für fast jede (positive) Überraschung gut!
Wrackfotografie	*	Kaum möglich, eindrucksvolle Wrackaufnahmen zu machen.
	**	Wrackaufnahmen unter erschwerten Bedingungen möglich.
	***	Eindrucksvolle Wrackaufnahmen sind möglich.
	****	Sehr gute Bedingungen am Wrack, da es gut zu erkennen ist und auch die Umgebung (Helligkeit) Mischlichtaufnahmen möglich macht.

***** Für Ostseeverhältnisse hervorragende Möglichkeiten, sehr gute Fotos zu machen. Der Zustand des Wracks ist top, und die Umgebungsbedingungen lassen gute Mischlichtaufnahmen zu. Außerdem sind die Sichtbedingungen an diesem Tauchplatz häufig sehr gut (für Ostseeverhältnisse!).

Positions- Bei Wracks, deren Positionen wir selbst nachvollzo-
angaben gen haben, werden sie angegeben. Die Koordinaten der übrigen Wracks sind den Tauchbasen der Region bekannt.

Bei den Positionsangaben handelt es sich mit einer Ausnahme um GPS-Daten mit der entsprechenden Genauigkeit bzw. „künstlichen Ungenauigkeit". Das heißt, die Betreiber des GPS-Systems haben für zivile Zwecke eine künstliche Ungenauigkeit eingebaut, genannt SA-Code (Selective Availability). Zum Leidwesen aller Wracksucher arbeitet er mittlerweile in vollem Umfang. So werden für den zivilen Bereich zu 95 Prozent 100 Meter und zu 99 Prozent 300 Meter Genauigkeit „garantiert". Echte Garantien gibt es natürlich nicht, vom Betreiber wird im Gegenteil ständig darauf hingewiesen, daß jede Verwendung auf alleiniges Risiko des Nutzers erfolgt. Daher weigert sich die zuständige Behörde (BSH) bisher, GPS-Anlagen als alleiniges Navigationssystem auf Schiffen zuzulassen. Um Mißverständnissen vorzubeugen: GPS ist zur Zeit das genaueste Navigationssystem, das Wracksucher erwerben können. Die jeweils aktuelle Genauigkeit des GPS ist jedoch nur sehr schwer kalkulierbar. So haben wir zum Beispiel die Erfahrung gemacht, daß man, wenn es irgendwo in der Welt krieselt (z. B. während des Golf-Kriegs) auch in der Ostsee seine Wrackpositionen nur noch mit großen Schwierigkeiten wiederfindet. Weiterhin variieren die Positionsangaben unterschiedlicher GPS-Empfänger, auch wenn man sie zur gleichen Zeit direkt nebeneinander hält, ganz erheblich, d. h. die obengenannten 300 Meter Ungenauigkeit können sich gegebenenfalls sogar addieren, je nachdem wie der Empfänger mit dem SA-Code fertig wird.

Wrackbeschreibungen

Für Sie ist in diesem Zusammenhang sehr wichtig zu wissen, daß Sie trotz der viel gepriesenen Genauigkeit heutiger GPS-Empfänger die Kreise um Ihre Positionsboje gegebenenfalls sehr weit wählen müssen, um mit Hilfe des Echografen das Wrack genau zu lokalisieren. Besonders bei der ersten Suche mit Ihrem eigenen GPS-Navigator müssen Sie sich auf ein Geduldsspiel einstellen, bis Sie endlich Ihre eigenen Koordinaten, die von den hier genannten durchaus abweichen können, gefunden haben. Beim zweiten Mal, mit **demselben** GPS-Empfänger, werden Sie es dann leichter haben ...

„DOPPELWRACK"

Taucher in den Resten der Aufbauten.

Name	„Doppelwrack", Schiffsnamen sind nicht bekannt
Wrack Nr.	nicht bekannt
Position	den örtlichen Tauchbasen bekannt
Schiffstyp	Ein Stahl- und ein Holzschiff, quer übereinander
Lage	Südlicher Kleiner Belt, nordöstlich Mommark
Abfahrt von	Mommark (Dk)
Fahrtzeit	Kutter ab Mommark: 1 h 40 min
Tiefe	Grund 38 m, Oberkante 30 m

Überblick Das „Doppelwrack" ist für uns eines der rätselhaftesten Wracks in der Ostsee. Es wird so genannt, weil es sich eigentlich um zwei Wracks handelt, die in einem Winkel von ca. 90° übereinanderliegen. Das obere Wrack ist ein Schiff aus Metall von ehemals schätzungsweise 50 m Länge. Man kann einen nach oben offenen Frachtraum erkennen, jedoch keine

„Doppelwrack"

Brückenaufbauten. Achtern befindet sich ein Gittermast, der fast wie ein kleiner Bohrturm aussieht. Beide Wracks stehen aufrecht, auf ebenem Kiel. Die maximale Wassertiefe beträgt 38 m an diesem Tauchplatz.

Von dem unteren Wrack zeugt nur noch eine Reihe hölzerner Spanten. Es scheint wesentlich älter zu sein als das obere. Das würde jedoch bedeuten, daß das zweite Wrack zufällig auf dem unteren gelandet wäre. Glaubhafter wäre die Theorie, daß das Eisenschiff das Holzschiff in der Seite gerammt und überlaufen hat, um dann mit diesem gemeinsam, total ineinander verkeilt, zu sinken.

Flora und Fauna

Der Bewuchs weicht von dem gewohnten Bild der Wracks in der mittleren Ostsee ab. Es gibt hier weniger Seenelken als auf den Wracks weiter südlich. Dafür findet man zahlreiche Hydrozoen wie sonst eher in der Gegend um Fehmarn.

Der Gittermast auf dem Heck.

„Doppelwrack"

Sicherheits- Die Wassertiefe von 38 m macht das Wrack nur für
hinweise erfahrene Taucher zugänglich. Durch Schwebeteilchen in den oberen Wasserschichten bedingt, ist häufig mit extremer Dunkelheit am Wrack zu rechnen. Auch in den Sommermonaten beträgt die Temperatur hier unten meist nur 4 °C. Somit wird auch im Sommer der Trockentauchanzug unentbehrlich.

    Vor allem wenn vorher schon ein ähnlich tiefer Tauchgang durchgeführt wurde, ist die Gefahr, in die Dekozeiten zu kommen, recht hoch. Vorsicht! Das Wrack ist unübersichtlich, und es kann Ihnen passieren, daß Sie Ihre Abtauchleine nicht wiederfinden und frei auftauchen müssen. Sie wären zwar an dieser Stelle nicht durch Schiffsverkehr gefährdet, aber Ihrer Tarierkünste sollten Sie sich, auch im Hinblick auf eventuelle Dekozeiten, schon sehr sicher sein.

Besondere Unter dem merkwürdigen Gitterturm liegen fast aus-
Merkmale gewachsene Dorsche in ihren Löchern und rühren sich dort auch beim Näherkommen nicht weg. Fast scheint es so, als amüsierten sie sich über die Angler, deren künstliche Köder den Gittermast über ihnen zieren.

Tips für Das *„Doppelwrack"* ist sehr schwer zu fotografie-
Fotografen ren. Die Dunkelheit macht Mischlichtaufnahmen fast unmöglich.

    Makrofotografen aber haben bei diesem Wrack die seltene Chance, Dorsche direkt vor die Linse zu bekommen. Für gute Dorschportraits wäre hier ein 60 mm Makroobjektiv im Unterwassergehäuse die richtige Wahl.

Richtwerte Schwierigkeitsgrad: *****
Interessantheitsgrad: ***
Makrofotografie: ****
Wrackfotografie: **

MS Transport

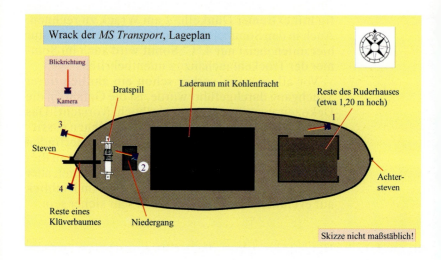

Name	*MS Transport*
Wrack Nr.	nicht bekannt
Position	den örtlichen Tauchbasen bekannt
Schiffstyp	Frachtkutter, ehemals Segler
Lage	Nordspitze von Ærø
Abfahrt von	Mommark (Dk)
Fahrtzeit	Kutter ab Mommark: 45 min
Tiefe	Grund 34 m, Oberkante ca. 30 m

Überblick Nordöstlich von Mommark in etwa 34 m Wassertiefe liegt die *MS Transport*. Das Wrack steht auf ebenem Kiel. Die maximale Wrackhöhe beträgt etwa 4,5 m. Der Bug des Wracks weist in Richtung Westen, auf etwa 270°.

Die *MS Transport* ist ein kleiner, ca. 34 m langer hölzerner Frachtkutter gewesen. Die Ladung des Schiffes bestand, wie man auch heute noch im Laderaum erkennen kann, aus Steinkohle. Kohle gilt als gefährliche Fracht; sie verrutscht leicht und nimmt

MS Transport

sehr schnell das in den Laderaum einströmende Wasser auf, so daß der nachfolgende Schiffsuntergang meistens nur wenige Minuten dauert. Von den achterlichen Aufbauten stehen noch die Wände. Der Laderaum ist zugänglich und mit Kohle gefüllt. Auf dem Vordeck befindet sich ein altertümliches „Bratspill".

Vermutlich ist die *MS Transport* nicht immer als Frachter gelaufen. Einrichtungen wie das Brat- oder auch Gangspill auf dem Vordeck waren eigentlich in erster Linie auf sehr alten Fischereifahrzeugen gebräuchlich (in der Regel vor 1860). Eventuell ist dieses Spill sogar älter als das übrige Schiff.

Eine weitere Absonderlichkeit findet sich am Bug, direkt neben dem Steven: Überreste eines Bugsprites oder Klüverbaumes. Dies deutet darauf hin, daß die *MS Transport* vorher als Segelschiff gefahren ist.

Das Ruderhaus (1).

MS Transport

Spill auf dem Vordeck (2).

Der Bug ist vollständig erhalten (3).

MS Transport

Reste des Klüverbaums am Bug (4).

Flora und Fauna   Vom Bewuchs her ist das Wrack „ostseetypisch", das heißt reichlich mit Seenelken bewachsen. Ab und zu trifft man auch einmal auf einen Dorsch, der dann aber meist von einer Kamera nichts wissen will ...

Sicherheitshinweise   Das Wrack kann problemlos in einem Tauchgang komplett betaucht werden. Trotzdem sollte man der für Ostseeverhältnisse relativ großen Tiefe Rechnung tragen, besonders wenn man, wie in dieser Gegend sehr wahrscheinlich, vorher schon einen tiefen Tauchgang hinter sich gebracht hat.

    Es ist ein kleines, sehr übersichtliches Wrack, so daß man seine Leine zum Auftauchen im allgemeinen leicht wiederfindet. Trotzdem sollten Sie ein Auge auf ihre Tauchzeiten haben!

MS Transport

Besondere Merkmale Betrachten und fotografieren Sie vor allem die interessante Mechanik an Bord dieses Wracks. Das alte „Bratspill" auf dem Vorschiff ermöglicht einen Einblick in die Schiffseinrichtungen in der Mitte des achtzehnten Jahrhunderts. Sicherlich birgt die Geschichte dieses Wracks noch einige interessante Geheimnisse.

Tips für Fotografen Da das Wrack recht klein ist, können Sie sich in nur einem Tauchgang einen guten Überblick verschaffen. Es ist nicht ganz einfach zu fotografieren, da meist das Umgebungslicht fehlt.

Richtwerte Schwierigkeitsgrad: ****
Interessantheitsgrad: ***
Makrofotografie: **
Wrackfotografie: **

HÅBED

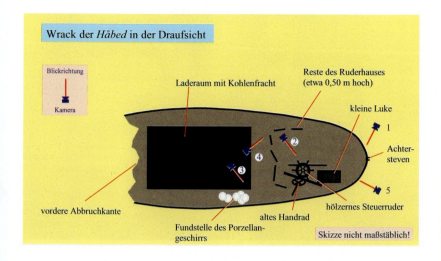

Name	*Håbed*, bekannt als „*Porzellanwrack*"
Wrack Nr.	nicht bekannt
Position	den örtlichen Tauchbasen bekannt
Schiffstyp	Frachtkutter oder -ewer, Verdrängung: 79 BRT
Lage	nordöstlich von Mommark
Abfahrt von	Mommark (Dk)
Fahrtzeit	Kutter ab Mommark: 20 min
Tiefe	Grund 34 m, Oberkante 31 m

Historisches Die *Håbed* wurde 1887 in Marstal auf Ærø aus Eichenholz gebaut, vermutlich als Frachtkutter oder Ewer. Auf einer Reise von Nysted auf Lolland nach Bogense auf Fünen ging die *Håbed* mit einer Ladung Düngerkalk am 14.10.1929 im Kleinen Belt verloren. Die Untergangsursache wird mit einem plötzlichen „Leckspringen" des Schiffes erklärt. Dieses Leckspringen, verursacht durch das Abspringen einer Planke meist im besonders unter Eigenspannung stehenden Bugbereich, ist bei älteren Holzbooten nicht ungewöhnlich.

Håbed

Die Schraube ist noch vorhanden, jedoch fehlt das Ruderblatt (1).

Überblick Als wir dieses Wrack zum ersten Mal betauchten, war vor uns scheinbar noch kein Taucher dort, und wir haben es „*Porzellanwrack*" getauft. An Deck fanden wir Mengen von Porzellangeschirr und Bestecke, auf dem Achterdeck noch das alte hölzerne Steuerrad. Wir haben alles so belassen, wie wir es vorgefunden haben, damit nachfolgende Taucher auch noch etwas zu sehen bekommen. Bitte halten Sie es genauso!

Das Heck des Wracks ist sehr gut erhalten und steht auf ebenem Kiel, sogar die Schraube ist noch an ihrem Platz. Das Vorderteil des Schiffes ist komplett verschwunden. Im Laderaum finden sich noch Reste der Fracht.

Flora und Fauna Das Biotop scheint völlig unberührt, und das Wrack ist gut mit Seenelken bewachsen.

Håbed

Das Achterdeck (2).

Über dem Laderaum (3).

Håbed

Reste vom Ruderhaus (4).

Sicherheitshinweise	Das Wrack liegt für Ostseeverhältnisse recht tief. Achten Sie daher auf Ihre Nullzeiten. Die *Håbed* ist ein sehr kleines Wrack, so daß Sie Ihre Leine zum Auftauchen leicht wiederfinden können. Aufgrund der Tiefe und der Dunkelheit ist es aber eher für den geübteren, ostseeerfahrenen Taucher geeignet.
Besondere Merkmale	Die *Håbed* bietet einen schönen Einblick in den Schiffbau vergangener Tage. Besonders die Unberührtheit dieses Wracks macht den Reiz des Tauchgangs aus.
Tips für Fotografen	Das dunkle Umgebungslicht erschwert ein Fotografieren des Wracks. Wenn Sie nicht über eine geeignete Ausrüstung für extreme Weitwinkelaufnahmen bei schlechter Beleuchtung verfügen, entscheiden Sie sich am besten für die Makroausrüstung.

Håbed

Der Schiffsname läßt sich nicht mehr entziffern (5).

Richtwerte Schwierigkeitsgrad: ∗∗∗∗
Interessantheitsgrad: ∗∗∗∗
Makrofotografie: ∗∗
Wrackfotografie: ∗∗∗

SCHNELLBOOT S 103

Eingang zur Brücke, backbordseitig (1).

Name	*S 103*
Wrack Nr.	nicht bekannt
Position	den örtlichen Tauchbasen bekannt
Schiffstyp	Schnellboot, intern. Bez.: Motortorpedoboot
Lage	südöstlich von Mommark (Dk)
Abfahrt von	Mommark
Fahrtzeit	Kutter ab Mommark: 25 min
Tiefe	Grund 35 m, Oberkante 30 m

Hisrorisches Die deutschen Schnellboote waren im Verhältnis zu dem Schaden, den sie anrichten konnten, in ihrer meist Holzbauweise einfache und „kostengünstige" Schiffe. Auch während des Krieges konnte pro Woche ein Schnellboot auf Kiel gelegt werden. Gebaut wurden sie von Lürssen in Vegesack, Schlichting in Travemünde, Gusto in Schidam und später, als die

Bombardierungen im Westen zunahmen, vor allem von der Danziger Wagonfabrik. Sie konnten wegen ihres geringen Tiefgangs durch Flüsse und Kanäle oder zerlegt auch weite Strecken über Land transportiert werden.

Mit teilweise über 40 kn Höchstfahrt waren sie extrem schnell und durch ihre drei Schrauben und Ruder in Verbindung mit einer gewaltigen Motorisierung überaus wendig. Bei Angriffen durch Flugzeuge fuhren sie mit Höchstfahrt im Kreis und machten so gezielten Beschuß aus der Luft fast unmöglich.

Neben dieser Seetüchtigkeit waren sie mit Torpedos, Minen und Wasserbomben ausgestattet. Sie erschienen blitzartig und unerwartet, machten selbst vor waffenmäßig überlegenen Gegnern wie Zerstörern und Kreuzern nicht halt und verschwanden nach einem Angriff so schnell, wie sie gekommen waren. Das Haupteinsatzgebiet der deutschen Schnellboote war der Kanal von Dover, mit dem Ziel, die Versorgung Englands von See her abzuschneiden.

Das vordere Flakgeschütz, von steuerbord aus gesehen. Es weist nach oben und vorn, ein Zeichen dafür, daß S 103 noch versuchte, sich zu wehren (2).

S 103

Auch *S 103* operierte vom Februar 1941 an dort, unterbrochen durch einen Einsatz im Finnischen Meerbusen, bei dem es im Juli 1941 auf einen Unterwasserfelsen auflief und schwer beschädigt wurde. Erst am 14. April 1942 konnte es wieder in Dienst gestellt werden. Seit Oktober 1942 wurde es in der Bestandsliste einer S-Boot-Schulflottille geführt, die wieder im Kanal stationiert war. 1944 wurden die Schnellbootflottillen von dort abgezogen.

Am 4. Mai 1945 erhielt *S 103* den Befehl, von Svendborg aus nach Flensburg zu laufen, um zu erkunden, wie weit die britischen Streitkräfte bereits über die Eider hinaus vorgerückt waren. Hauptsächlich sollte das Boot jedoch anschließend möglichst viele Menschen im Zuge der Kurlandräumung retten. Hierzu wurde noch ein großer Zusatztank auf dem Deck installiert.

In Anbetracht der gewaltigen feindlichen Flugzeugverbände, die zu dieser Zeit fast ununterbrochen

Der Taucher befindet sich genau über dem Beobachtungs- und Kommandostand (3).

S 103

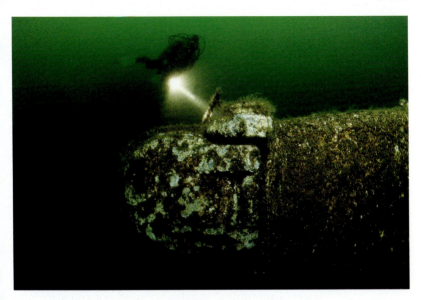

Torpedoklappe auf der Steuerbordseite (4).

in diesem Luftraum operierten, kam dieser Auftrag beinahe einem Himmelfahrtskommando gleich. Obwohl der Kommandant von *S 103*, Oberleutnant zur See Hans-Wulf Heckel, eindringlich davor warnte, wollten noch einige Marineangehörige unbedingt mit nach Deutschland genommen werden.

Um 12.02 h starteten 41 Jäger vom Typ „Mosquito" vom englischen Flugplatz Banff mit Kurs auf Dänemark. Nach einigen technischen Schwierigkeiten über der Nordsee erreichte das englische Geschwader, in Begleitung von 18 „Mustang" Jägern und mehreren „Lightnings", die Gegend bei Mommark in Dänemark. Dort machten sie gegen 14.30 h das deutsche Schnellboot *S 103* aus, das auf süd-südwestlichem Kurs in Richtung Flensburg lief. An Deck kauerten Marineangehörige, die man mit nach Hause nehmen wollte. *S 103* hatte kurz zuvor mit unklarer Maschine gestoppt. Der Schaden war gerade behoben worden und das Schnellboot dabei, wieder Fahrt aufzunehmen.

S 103

S 103 mit Ostsee-Tarnanstrich in Helsinki.

Durch den wolkenverhangenen Himmel unentdeckt geblieben, stürzten sich vier „Mustangs" und zwei „Lightnings" auf das Schnellboot und griffen es mit Raketen sowie Maschinenkanonen an. Die Flakgeschütze von *S 103* hämmerten, viel zu spät auf die drohende Gefahr aufmerksam geworden, verzweifelt Löcher in den Himmel, und das Schiff versuchte sich mit äußerster Fahrt hakenschlagend aus der Affäre zu ziehen. Durch die Überladung mit Menschen war das Boot jedoch in seiner Wehrhaftigkeit spürbar eingeschränkt. Schon der erste Angriff setzte die beiden mittschiffs und am Heck stehenden Flakgeschütze durch einen Raketenbombentreffer außer Gefecht. Nach etwa einer halben Stunde ließen die sechs Flugzeuge ein brennendes, sinkendes Wrack zurück. Zwei Treffer durch Raketenbomben in Abt. III und IV waren entscheidend. In Abteilung III befand sich der mittlere Treibölraum – er wurde voll getroffen. Bei der Versenkung von *S 103* kamen 20 Menschen ums Leben. Die zwölf Überlebenden wurden von einem dänischen Fischerboot gerettet und nach Mommark gebracht.

Werft:	Schlichting, Travemünde		
Typ (Baureihe):	S 38	Verdrängung: 92,5 t	
Länge:	34,94 m	Breite: 5,28 m	Tiefgang: 1,67 m

S 103

Bauweise:	Rundspant-Doppelkraweel-Eiche/Mahagoni/Weißzeder/Oregonpine/Leichtmetall-Kompositbau
Antrieb:	3 Daimler MB 501 20 Zyl. Dieselmot. mit je 2000 PS auf jeweils eine Welle wirkend. 3 Schrauben mit 1,23 m Durchmesser.
Fahrleistung:	39 kn (Höchstfahrt), 35 kn (Marschfahrt)
Reichweite:	700 sm
Bewaffnung:	2 Torpedorohre, 4 Torpedos, 2 Flakgeschütze 2 cm, 1 Buggeschütz 2 cm, Wasserbomben. S-Boote konnten auch zum Minenlegen eingesetzt werden.

Überblick

Das Wrack von *S 103* liegt südöstlich von Mommark in 34 m Wassertiefe. Es steht aufrecht, auf ebenem Kiel. Bedingt durch die für die Ostsee große Wassertiefe ist es am Wrack auch tagsüber fast immer extrem dunkel. Licht ist ständig erforderlich, will man Details erkennen. In den oberen Wasserschichten sind meistens Sichtbehinderungen durch Algen und Schwebeteilchen zu erwarten. Davon sollte man sich nicht abschrecken lassen, weiter unten und direkt am Wrack ist das Wasser oft sehr klar. Bei westlichen Winden liegt die Tauchstelle gut in der Landabdeckung.

Das Wrack wirkt, von allen Seiten betrachtet, sehr bedrohlich, und dieser Eindruck wird Sie über den ganzen Tauchgang begleiten. Häufig läuft eine mäßige Strömung in Längsrichtung (vom Bug zum Heck) über das Wrack. Dann ist es unbedingt ratsam, nicht in unmittelbarer Nähe, aber in Sichtweite zum Wrack in Richtung auf das Heck zu tauchen, erst dort den eigentlichen Wracktauchgang zu beginnen und sich gegen die Strömung vorzuarbeiten. Dadurch vermeiden Sie, daß Ihnen ihr eigner Mulm den ganzen Tauchgang eintrübt, was in umgekehrter Richtung sehr schnell geschehen kann. Ein verkehrter Flossenschlag verdirbt die Sicht für viele Minuten.

Der Bug ist fast unbeschädigt, allerdings fehlt das Buggeschütz. Beide Torpedoklappen sind noch vorhanden und verschlossen. Die Brücke könnte mit einiger Mühe betaucht werden, allerdings ist der Blick

S 103

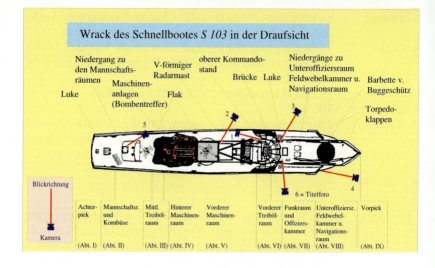

durch die Fenster in das Innere genauso interessant und zerstört den Bewuchs nicht. Hinter der Brücke werden Sie unter einem umgelegten Radarmast die Lüftungsklappen des vorderen Maschinenraums entdecken. Dieser V-förmige Mast trug einst das sogenannte „Berlingerät", eine Entwicklung der Firma *Telefunken*; ein Versuch, die Alliierten bezüglich der Radartechnik einzuholen.

Dahinter stoßen Sie auf das Flakgeschütz, das eigentlich von der Bauart her eine Zwillingsflak sein sollte, aber bei *S 103* als einfaches Geschütz steht.

Hinter der Flak beginnt der Bereich der Bombentreffer. Das Deck ist an dieser Stelle meterweit aufgerissen, der Rumpf zur Hälfte mit Schlamm gefüllt. Begibt man sich etwas tiefer in dieses Loch, kann man den Zylinderkopf und die dicken Abgasleitungen des hinteren Antriebsmotors erkennen.

Flora und Fauna Das Wrack ist vor allem mit besonders großen, dicht gedrängt stehenden Seenelken bewachsen.

S 103

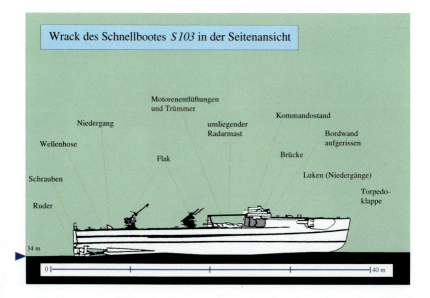

Wrack des Schnellbootes *S 103* in der Seitenansicht

Sicherheitshinweise

Das Schnellboot *S 103* ist ein militärisches Wrack. Es war zum Zeitpunkt des Auslaufens und der Versenkung voll bewaffnet. Diese Kriegsmaterialien wurden unseren Informationen nach nicht geräumt. Es gilt daher der Grundsatz, unbekannte Gegenstände auf gar keinen Fall zu berühren!

An der Untergangsstelle von *S 103* gilt weiterhin ein Ankerverbot, zum einen wegen des als „unrein" geltenden Schiffes und zum anderen wegen einer in der Nähe verlaufenden Kabeltrasse.

Bei Tauchgängen an *S 103* kommen mehrere für Taucher recht unangenehme Dinge zusammen: Dunkelheit, Tiefe, Kälte und teilweise Strömung. Aus diesem Grund empfehlen sich Tauchgänge an diesem Wrack nur für wirklich geübte und vor allem auch ostseerfahrene Taucher!

Das Wrack ist nicht sehr groß und kann in einem Tauchgang völlig betaucht werden. Sie sollten jedoch in Betracht ziehen, daß Sie dabei sehr schnell in einen Dekotauchgang hineingeraten. Wollen Sie das unbedingt vermeiden, hilft es Ihnen wenig, das Wrack in zwei Tauchgänge an nur einem Tag aufzuteilen. Der nächste Tauchgang wird dann garantiert

S 103

Niedergang auf dem Achterdeck, Zugang zur Kombüse und den Mannschaftsräumen. Die Druckwellen der nahegelegenen Treffer haben ihn stark zerstört (5).

ein dekopflichtiger. Sie sollten dann lieber einen weiteren Tauchgang am nächsten Tag vorsehen.

Da Sie damit rechnen müssen, in die Dekozeit zu geraten, merken Sie sich die Lage der Bojenleine besonders gut! Sie werden beim späteren Aufstieg für diese Leine noch sehr dankbar sein.

Tips für Fotografen	Das Fotografieren des Wracks gestaltet sich aufgrund der Dunkelheit besonders schwierig.
Richtwerte	Schwierigkeitsgrad: ✶✶✶✶✶ Interessantheitsgrad: ✶✶✶✶✶ Makrofotografie: ✶✶✶✶ Wrackfotografie: ✶✶✶

ERIK

Maststumpf und Ladeluke.

Name	*Erik*
Wrack Nr.	nicht bekannt
Position	den örtlichen Tauchbasen bekannt
Schiffstyp	Frachtkutter
Lage	Eingang Flensburger Förde (vor Gammel Pøl)
Abfahrt von	Mommark (Dk)
Fahrtzeit	Kutter ab Mommark: 30 min
Tiefe	Grund 22 m, Oberkante 19 m

Überblick   Die *Erik* war ein kleiner hölzerner Frachtkutter und wie so viele Wracks in der Gegend des südlichen Kleinen Belt mit Kohlen beladen, was man noch heute im Laderaum des Schiffes selbst nachprüfen kann. Die maximale Wassertiefe beträgt etwa 22 m. Das Wrack ragt nur noch ca. 3 m über seine Umgebung auf. Wie fast alle der mit Kohlen beladenen Wracks

Erik

Taucher über dem Vordeck.

steht auch das Wrack der *Erik* auf ebenem Kiel. Die Aufbauten des etwa 34 m langen Wracks fehlen völlig. Der hölzerne Rumpf ist jedoch gut erhalten und beherbergt noch so manches seemännische Kleinod wie zum Beispiel Poller, Klampen und ein kleines Spill.

Flora und Fauna — Sie werden am Wrack der *Erik* das für Hartböden in dieser Gegend typische marine Leben mit Seenelken, Miesmuscheln und Seesternen kennenlernen. Besonders im Frühjahr sind hier auch Seehasen zu sehen.

Sicherheitshinweise — Beim Betauchen der *Erik* brauchen keine über die beim Wracktauchen üblichen Vorsichtsmaßnahmen hinausgehenden Vorkehrungen getroffen zu werden.

Erik

Taucher über dem Achterdeck.

Erik

Das Heck ohne Schraube.

Besondere Merkmale	Zusammen mit dem „*Steinfrachter*" gehört die *Erik* zu den beiden anfängertauglichen der hier genannten von Mommark aus erreichbaren Wracks im Kleinen Belt. Sie können die *Erik* problemlos mit einem Tauchgang erkunden. Am interessantesten ist das Vorschiff, auf dem noch einige maritime Gegenstände stehen und dort hoffentlich auch bleiben.
Tips für Fotografen	Auf dem Vorschiff bieten sich die interessantesten Fotomotive. Taucht man häufiger an diesem Wrack, sollte man die Makroausrüstung nicht vergessen, da sich so auch bei mehreren Tauchgängen immer wieder interessante Details entdecken lassen. Bei Tauchgängen im Frühjahr können Ihnen gute Fotos von Seehasen gelingen.
Richtwerte	Schwierigkeitsgrad: ** Interessantheitsgrad: ** Makrofotografie: *** Wrackfotografie: ***

„STEINFRACHTER"

Taucher über dem Deck.

Name	Schiffsname nicht bekannt, genannt *„Steinfrachter"*
Wrack Nr.	nicht bekannt
Position	den örtlichen Tauchbasen bekannt
Schiffstyp	Frachtkutter
Lage	Eingang Flensburger Förde (vor Gammel Pøl)
Abfahrt von	Mommark (Dk)
Fahrtzeit	Kutter ab Mommark: 40 min
Tiefe	Grund 20 m, Oberkante 18 m
Überblick	Der *„Steinfrachter"* liegt nahe bei Mommark sehr geschützt in unmittelbarer Landnähe. Die maximale Wassertiefe beträgt ca. 20 m. Bei dem Wrack handelt es sich um die Überreste eines kleinen hölzernen Frachtschiffes, vollgeladen mit Ziegelsteinen. Der *„Steinfrachter"* ragt nur noch etwa 2 m über die Umgebung empor. Die Wracküberreste stehen auf ebenem Kiel.

„Steinfrachter"

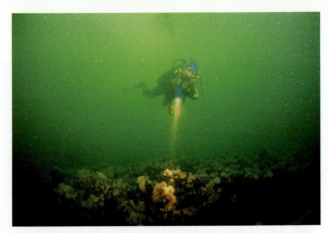

Reste der Borwand.

Flora und Fauna   Der harte Untergrund der Wracküberreste und die Ladung Ziegel bieten eine gute Wachstumsmöglichkeit für allerlei marine Lebensformen.

Sicherheitshinweise   Am „*Steinfrachter*" kann man beinahe nichts verkehrt machen. Betrachten Sie das ganze einfach als normalen Ostseetauchgang in 20 m Wassertiefe.

Besondere Merkmale   Auch wenn man das Tauchen hier eigentlich nicht als Wracktauchgang bezeichnen kann, interessanter als ein normaler „Strandtauchgang" ist es allemal und bietet sich als Einstieg für unerfahrenere Taucher in das Wracktauchen in der Ostsee an. Das Wrack der *Erik* und der „*Steinfrachter*" sind die einzigen anfängertauglichen Wracks im Kleinen Belt.

Tips für Fotografen   Hier lohnt sich eher die Makroausrüstung.

Richtwerte   Schwierigkeitsgrad: **
Interessantheitsgrad: **
Makrofotografie: ***
Wrackfotografie: *

INGER KLIT

*In Ålborg,
Oktober 1976.*

Name	*Inger Klit*
Wrack Nr.	1259
Position	54° 49.47' N 09° 45.09' E
Schiffstyp	Küstenmotorschiff, 330 ton deadw., 186 grosston.
Lage	Flensburger Außenförde, Nähe Fahrwassertonne
Abfahrt von	Langballig (kleinere Boote), Sønderborg (Dk), Mommark (Dk), Maasholm
Fahrtzeit	Schlauchboot ab Langballig: 10 min
	Kutter ab Sønderborg: 30 min
	Kutter ab Maasholm: 2 h
	Kutter ab Mommark: 2 h
Tiefe	Grund 25 m, Oberkante 15 m

Historisches Das Schiff wurde bei H.C. Christensen, Marstal, in Dänemark gebaut. Im März 1954 war es fertiggestellt und auf den Namen *Inger Klit* getauft. Die Schiffsbaureihe war offenbar sehr erfolgreich, denn auch heute noch sieht man in dänischen Häfen einige ihrer Schwesterschiffe. 1972 wurde die *Inger Klit* ein Stück verlängert, seitdem hatte sie eine Verdrängung von 330 ton deadweight. Im Februar 1980 sank die *Inger Klit* nach einer Kollision mit dem deutschen Frachter *Lina von Bargen*.

Inger Klit

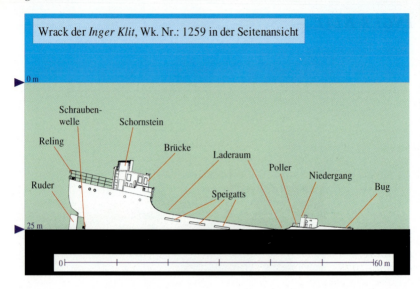

Wrack der *Inger Klit*, Wk. Nr.: 1259 in der Seitenansicht

Zum Zeitpunkt der Kollision herrschte in der Flensburger Förde dichter Nebel. Die *Inger Klit* fuhr leer, sie hatte lediglich Schrott als Ballast in ihrem Laderaum. Die wesentlich größere *Lina von Bargen* hat den Unfall ohne größere Schäden überstanden, wurde zweimal verkauft und umbenannt und fährt jetzt unter dem Namen *Zug* für den Österreichischen Lloyd.

Überblick Das Wrack der *Inger Klit* liegt in der Nähe von Langballig quer im Fahrwasser. Es steht in max. 25 m Wassertiefe auf ebenem Kiel. Mit einer Länge von etwa 57 m zählt es schon zu den größeren Wracks der westlichen Ostsee.

Durch die geschützte Lage kann das Wrack fast bei jedem Wetter betaucht werden und ist leicht von Langballig aus mit dem Schlauchboot anzufahren.

Die Brücke des Wracks ist gut erhalten und kann problemlos, auch von innen, betaucht werden. Vor der Brücke befindet sich der Laderaum, immer noch beladen mit Schrott, auch er ist zugänglich.

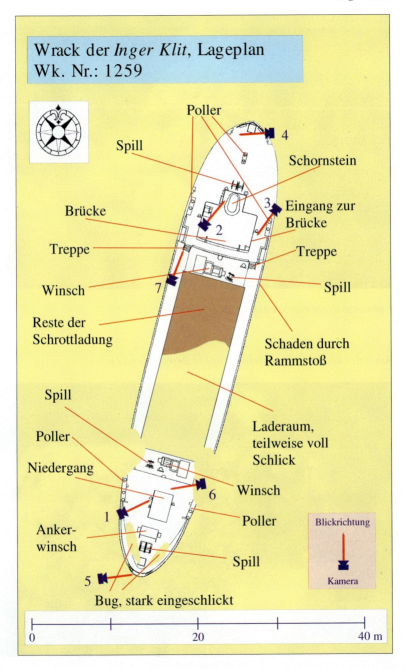

Inger Klıt

Lufthutze dicht mit Seenelken überwuchert (1).

Auch der kleine Schornstein ist üppig bewachsen (2).

Inger Klit

Eingang zur Brücke (3).

Auf dem Vordeck stehen noch Winschen und Poller, über und über mit Seenelken bewachsen. Das ganze Wrack wirkt wie ein riesiger Blumenkübel.

Am Bug sind nur noch etwa 50 cm Freibord vorhanden, da das Wrack zunehmend versandet, der Bug sinkt immer tiefer in den Grund ein. Am Heck steht das Wrack aber noch komplett frei, leider fehlt die Schraube.

Flora und Fauna

Das Wrack der *Inger Klit* verfügt über ein einzigartig schönes Biotop. Die Seenelken werden hier besonders groß und stehen dicht gedrängt. Im Laderaum findet man häufig Ansammlungen von kleineren Dorschen und anderen Ostseefischarten.

Inger Klit

Auf dem Achterdeck stehen Poller und andere Deckseinrichtungen. Die Heckreling ist noch komplett vorhanden und wunderschön bewachsen (4).

Der Bug ist schon stark eingesunken. (5).

Inger Klit

Niedergang auf der vorderen Back (6).

Sicherheitshinweise

Am Wrack der *Inger Klit* herrscht oft eine recht heftige Strömung. Sie ist zwar mit verantwortlich für das schöne Biotop, verlangt aber vom Taucher besonders gute Kondition, die ihn vor Schwierigkeiten bewahrt.

Bedingt durch die Lage im Fahrwasser muß man auf starke Geräuschentwicklung gefaßt sein, verursacht durch vorbeifahrende Schiffe. Für die eigene Sicherheit ist es sehr wichtig, nur an der Bojen- bzw. der Ankerleine aufzutauchen!

Wichtig! Kleinere Wasserfahrzeuge, z. B. Schlauchboote, sollten unbedingt mit einem Radarreflektor ausgestattet sein, damit sie vom ein- und auslaufenden Schiffsverkehr rechtzeitig erkannt werden.

Inger Klit

Der Niedergang führt von den Brückenaufbauten herunter zum Mittschiffsbereich mit dem Laderaum (7).

Tips für Fotografen Das Wrack der Inger Klit ist für Makrofotografen und für Wrackfotografen gleichermaßen interessant. Es lohnt durchaus für mehrere Tauchgänge. So könnte man beispielsweise den ersten Tauchgang mit dem Weitwinkelobjektiv und den zweiten mit dem Makroobjektiv machen.

Muß man den Weg längs über das Schiff bei starker Strömung zurücklegen, wählt man am besten den Weg durch den Laderaum, dort hat man vor der Strömung erst mal Ruhe.

Richtwerte Schwierigkeitsgrad: ****
Interessantheitsgrad: *****
Makrofotografie: *****
Wrackfotografie: ****

SOPHIE

Der Bug ist wie das ganze Wrack dicht bewachsen (1).

Name	*Sophie*
Wrack Nr.	nicht bekannt
Position	den örtlichen Tauchbasen bekannt
Schiffstyp	Segler, ca. 30 m lang, Verdrängung: 72 BRT
Lage	Flensburger Außenförde
Abfahrt von	Sønderborg (Dk), Mommark (Dk), Langballig
Fahrtzeit	Kutter ab Sønderborg: 1h
	Kutter ab Mommark: 1h 30 min
	Schlauchboot ab Langballig: 20 min
Tiefe	Grund 28 m, Oberkante 23 m

Historisches Die *Sophie* wurde 1911 in Kjøge aus Eichenholz gebaut. Ihre letzte Reise sollte sie mit einer Ladung Zement von Ålborg nach Gråsten führen. Am 27. August 1930 war jedoch das Glück nicht auf der Seite des Skippers.

Sophie

Die hölzerne Reling ist teilweise gut erhalten und dicht mit Seenelken überwachsen (2).

Um 20 h passierte man den Ort Skjoldnæs. Das Wetter wurde schlechter, Regenschauer kamen auf. Gegen 21.30 h glaubte man, die Glockentonne des Pølsriffs auf der Backbordseite zu hören. Sofort wurde ein Lot klargemacht, um die Wassertiefe zu messen. Bevor das Bleigewicht jedoch den Grund berühren konnte, hatte dies schon das Vorschiff getan, und zwar gründlich. Sekunden später krachte es auch achtern. Das Schiff blieb jedoch in Fahrt und änderte seinen Kurs zunächst nach Osten und dann nach Süden. Nach 10 Minuten, querab vom Leuchtturm von Kegnæs, wurde der Besatzung klar, daß das Schiff reichlich Wasser aufnahm und sich nicht mehr lange halten würde. Sofort wurden Notsignale mit dem Nebelhorn und einem offenen Feuer gegeben. Das Schiff nahm Kurs auf das Feuerschiff des Kalkgrundes. Nachdem jedoch der Motor unter Wasser stand und die Pumpen ausgefallen waren, gab die Besatzung das Schiff auf und stieg in das kleine Beiboot um.

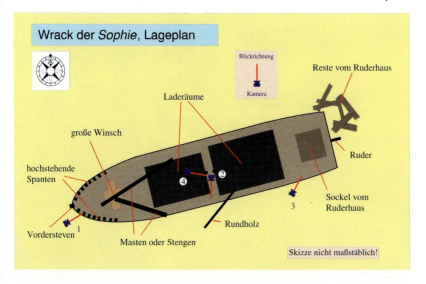

Um 23 h kenterte die *Sophie* über die Backbordseite und sank innerhalb weniger Minuten. Die Besatzung erreichte gegen 24 h mit dem Beiboot das Feuerschiff von Kalkgrund und wurde gerettet. Der Schiffer wurde nach dem Untergang der *Sophie* vor Gericht gestellt und mußte eine Buße von 50 Dkr. wegen „schlechter Seemannschaft" zahlen.

Überblick Die *Sophie* liegt in der Flensburger Außenförde in 28 m Wassertiefe, mit einer leichten Neigung nach vorn, auf ebenem Kiel. Das Wrack steht auf Schlickboden, ist aber nur im vorderen Bereich leicht eingeschlickt.

Der ehemalige Segler wurde zur Beförderung verschiedener Frachten eingesetzt. Davon zeugen heute noch zwei große Laderäume. Der Rumpf des Schiffes ist bemerkenswert gut erhalten und wirkt teilweise sehr malerisch. Die ehemaligen Heckaufbauten fehlen, sie liegen achtern auf der Steuerbordseite neben dem Wrack.

Sophie

Bordwand und Reling sind dicht mit Seenelken bewachsen (3).

Das Wrack ist aufgrund seiner geringen Größe sehr übersichtlich. Sie können es innerhalb eines Tauchganges komplett umrunden.

Flora und Fauna

Das gesamte Wrack der *Sophie* ist dicht mit Seenelken überwuchert. Dadurch gehen zwar einige Wrackdetails für den Betrachter verloren, aber dieser ungeheure „Blumenkasten" zieht trotzdem jeden Taucher in seinen Bann; für manchen ist es das schönste Wrack in der Flensburger Förde.

Auf dem Vordeck befindet sich noch eine große Winsch. Auch sie ist, obwohl hier zumeist die Tauchschiffe festmachen, mit Seenelken dicht überwuchert.

Besondere Merkmale

Wie eingangs erwähnt, ist das Wrack von Schlickboden umgeben. Wenn Sie also außen an der Bordwand entlangtauchen, rufen Sie sich bitte in Erinnerung,

Sophie

Maststumpf am Laderaum (4).

daß ein solcher Untergrund einen ungeschickten Flossenschlag überhaupt nicht verzeiht und Sie zur Strafe völlig einnebelt! Auch Ankermanöver können hier einen Tauchgang restlos ruinieren. Der Anker hält in der Regel auf diesem weichen Untergrund nicht, dafür nebelt er beim „Pflügen" sehr schnell das gesamte Wrack ein!

Sicherheitshinweise Die Wassertiefe von 28 m ist für Ostseeverhältnisse schon recht groß. Das Wrack ist daher nichts für Anfänger.

Außerdem liegt es im Fahrwasser nach Sønderborg. Man wird sich also auf einigen Lärm, verursacht durch vorüberfahrende Schiffe, einstellen müssen. Wichtig ist, daß das Tauchbasisschiff über dem Wrack wartet und daß während des Tauchens das Funkgerät ständig besetzt ist.

Besonders an Wochenenden mit schönem Wetter müssen Sie damit rechnen, daß Freizeitskipper die

Sophie

Bedeutung der Taucherflagge nicht kennen, oder nicht kennen wollen, und zu nah herankommen.

Tips für Fotografen

Vergessen Sie hier die Makroausrüstung nicht! Das Wrack der *Sophie* weist ein besonders reichhaltiges Biotop auf. Es wimmelt von marinen Lebewesen.

Teilweise ist sogar noch die hölzerne Reling des Wracks erhalten. Im Gegenlicht der Taucherlampe des Partners ergibt das wunderschöne Fotomotive.

Leider ist an diesem Wrack die Sicht häufig sehr stark eingeschränkt. Wenn Sie schöne Wrackaufnahmen von der *Sophie* machen wollen, werden Sie mit Sicherheit mehrere Versuche unternehmen müssen.

Richtwerte

Schwierigkeitsgrad: ****
Interessantheitsgrad: ****
Makrofotografie: ****
Wrackfotografie: *****

RÄUMBOOT R 222

Das Räumboot R 266 ist der gleiche Typ wie R 222.

Name	*R 222*
Wrack Nr.	1197
Position	54° 40. 330' N 10° 07.790' E
Schiffstyp	Minenräumboot
Lage	Nähe Schleimündung
Abfahrt von	Maasholm, Damp, Marina Wendtorf, Eckernförde
Fahrtzeit	Kutter ab Maasholm: 40 min
	Kutter ab Damp: 50 min
	Kutter ab Marina Wendtorf: 2 h 10 min
	Kutter ab Eckernförde: 2 h 20 min
Tiefe	Grund 20 m, Oberkante 16 m
Historisches	Das Räumboot *R 222* wurde am 13.10.1943 in Dienst gestellt und der 10. Räumbootsflottille zugeteilt mit einer Besatzung von einem Offizier und 35 Mann. Am 21.02.1944 ging das Boot durch einen Grundminentreffer vor Schleimünde verloren.

R 222

Es wurde in einer „Quer- und Längsspant-Stahl-Leichtmetall-Mahagoni-Doppeldiagonalkraweel-Kompositbauweise" gebaut. Die Räumboote ähnelten in ihrer Baustruktur den Schnellbooten, wie z. B. *S 103* (S. 56-64). Die großzügige Verwendung von Holz war bei Räumbooten notwendig, um die Gefährdung durch Minen mit Magnetzündern zu verringern. Diese Bauweise gab den Rümpfen eine enorme Festigkeit und wird auch heute noch im Yachtbau verwendet. Die hohe Festigkeit war bei Räumbooten besonders wichtig, um Minendetonationen auch in Schiffsnähe zu überstehen. Räumboote wie *R 222* wurden häufig auch zum Minenlegen eingesetzt. Hierzu konnten bis zu 12 Minen an Bord untergebracht werden.

Länge:	39,35 m	Breite: 5,72 m
Tiefgang:	1,61 m	Höchstfahrt: 22,5 kn
Maschine:	2 MWM-6Zyl. Viertakt-Diesel RS 143 Su mit Aufladung; 249 l Hubraum	
Leistung:	2 Motoren mit je 1550 PS	
Reichweite:	ca. 1000 sm bei 15 kn	
Bewaffnung:	1 Flakgeschütz 3,7 cm, 3 bis 6 Flakgeschütze 2 cm. Bis zu 12 Minen.	

Reste von Aufbauten, unten ein Lüfter.

R 222

Im mittleren Bereich sind nur noch die Spanten vorhanden.

Überblick Das Wrack von *R 222* liegt in maximal 20 m Wassertiefe. Der Tauchplatz hat Landabdeckung und ist somit (außer bei Ostwind!) sehr ruhig und geschützt. Die Überreste von *R 222* stehen auf ebenem Kiel. Das Wrack ist in zwei Teile zerbrochen. Der Bug fehlt, aber das Heck ist noch einigermaßen erhalten. Im ehemaligen Mittschiffsbereich liegen noch Maschinenteile umher, und einzelne Spanten ragen aus dem Sand, teilweise mit gut erkennbaren Resten einer Kraweelbeplankung. Von den ehemaligen Aufbauten ist so gut wie nichts mehr vorhanden, lediglich der Innenraum des Hecks kann von vorne her betaucht werden.

Flora und Fauna Der Bewuchs an diesem Wrack war einmal phantastisch, hat aber in den letzten Jahren stark nachgelassen. Wo vorher Seenelken dicht beieinanderstanden, ist heute nur noch das blanke Holz oder Rost zu sehen. Man findet lediglich noch vereinzelte Seenel-

In verwinkelten Wrackteilen findet der Seehase gute Laichplätze.

ken und viele, aber zumeist tote Miesmuscheln am Wrack. Im Frühjahr kann man hier jedoch auch jetzt noch große Seehasen antreffen.

Sicherheits- *R 222* ist ein militärisches Wrack. Obwohl es
hinweise geräumt wurde, ist nicht auszuschließen, daß sich noch Munition dort befindet. Im Zweifelsfall fassen Sie bitte nichts an und sagen Sie Ihrem Skipper Bescheid, er wird dann die entsprechenden Stellen (Marine) benachrichtigen.

Das Wrack ist recht klein, einfach zu betauchen und bei ruhiger Wetterlage durchaus „einsteigertauglich". Sie können es innerhalb eines Tauchgangs komplett erkunden. Lediglich eine mäßige Strömung, parallel zum Ufer, fordert manchmal die Kondition des Tauchers.

Außer den oben erwähnten sind keine über die normalen Sicherheitsregeln beim Wracktauchen hinausgehenden Vorkehrungen nötig.

Durch seine ufernahe Lage ist *R 222* von Maasholm aus auch gut mit dem Schlauchboot zu erreichen. Allerdings benötigen Sie zur Suche GPS und einen Echografen.

Tips für Besonders im Frühjahr sollten Sie wegen der Seeha-
Fotografen sen Ihre Makroausrüstung nicht vergessen.

Richtwerte Schwierigkeitsgrad: ***
Interessantheitsgrad: ***
Makrofotografie: ****
Wrackfotografie: ***

STEN TRANS

Die spätere STEN TRANS in Århus im Januar 1973 als Saugbagger mit dem Namen MORTEN TRANS.

Name	*Sten Trans*
Wrack Nr.	1158
Position	54° 37.530' N 10° 25.410' E
Schiffstyp	erst Frachter, später Saugbagger
Lage	zwischen Kiel und Langeland
Abfahrt von	Marina Wendtorf, Kiel Holtenau, Bagenkop (auf Langeland)
Fahrtzeit	Kutter ab Marina Wendtorf: 1 h 45 min
	Kutter ab Kiel Holtenau: 2 h 15 min
	Kutter ab Bagenkop: 1 h 30 min
Tiefe	Grund 21 m, Oberkante 7 m

Historisches Die *Sten Trans* wurde im Januar 1967 als *Petro King* in Budapest, Ungarn, vom Stapel gelassen. Sie fuhr zunächst als Frachtschiff für ein Unternehmen in Norwegen.

Sten Trans

*Die Schraube der S*TEN *T*RANS *steht zum Gedenken an die Rettungsaktion in Laboe.*

1972 änderte sich der Name in *Soknasund*. Mit dem Verkauf im Dezember 1972 an Bent Rohde Nielsen in Kalundborg, Dänemark, wurde das Schiff zum Saugbagger umgebaut, zunächst mit dem Namen *Morten Trans*. Im September 1974 wurde sie zur *Sten Trans* umbenannt.

Verdrängung: 1231 BRT Länge: ca. 65 m

Am 13. März 1975 war das dänische Arbeitsschiff *Sten Trans* der Reederei Transline von Samsø in Dänemark nach Kiel mit einer Kiesladung unterwegs. Zwischen der Südspitze von Langeland und der Kieler Förde geriet es in einen schweren Sturm, wobei die Ladung verrutschte. Eine schwere See brach kurz vor 4 h morgens über das angeschlagene Schiff. Innerhalb weniger Minuten hatte die *Sten Trans* 30° Schlagseite nach Backbord. Sehr schnell ging die

Blick aus der Brücke.

Neigung auf 50°, und ein Seenotruf wurde abgesetzt. Der Seenotrettungskreuzer *Theodor Heuss* machte sich auf den Weg, um die Menschen an Bord der *Sten Trans* zu retten. Zwölf Mann der fünfzehnköpfigen Mannschaft hatten die *Sten Trans* inzwischen verlassen und Schutz in einer Rettungsinsel gesucht, als die *Theodor Heuss* gegen 5.15 h eintraf. Es dauerte nur 15 Minuten, bis die Seeleute und die Rettungsinsel an Bord genommen waren. Der Kapitän und die zwei Steuerleute, die sich noch auf der *Sten Trans* befanden, wurden während der Rettungsaktion von einem „Sea King" Hubschrauber der Seenotrettungsstaffel von Bord geholt. Um 6.31 h kenterte das Schiff und sank.

Sten Trans

Im Seitengang auf der Steuerbordseite.

Überblick Die nur 21 m tief liegende *Sten Trans* sollte ursprünglich gehoben werden. Daß dies nicht geschah, werden die Taucher der Reederei sicher danken, denn die *Sten Trans*, eher als „Saugbagger" bekannt, zählt zu den attraktivsten Wracks der westlichen Ostsee. Der Zustand ist noch sehr gut, es wurde nichts gesprengt und wenig abmontiert. Die riesigen Laderäume können problemlos betaucht werden.

Man kann auch einen Blick ins Innere der Brücke werfen. Der Eingang zur Brücke ist auf der Steuerbordseite, jetzt also von oben zu erreichen. Versuchen Sie nicht, sich durch die Fenster zu quetschen, es ist zu eng und schädigt den Bewuchs des Wracks.

Der Zugang in den Pumpenraum, in dem auch die Schlauchlast aufbewahrt wurde, ist mit einem gewissen Risiko möglich, aber nicht unbedingt lohnend. Bis auf eine schmierige Ölblase, nach der Ihr Anzug noch tagelang stinken würde, und ein paar alte Schläuche ist dort nichts zu entdecken. Das gilt auch für den Maschinenraum.

Der Eingang zur Unterwelt. Im Innenraum befinden sich das frühere Sauggeschirr sowie etliche Tampen und Trossen.

Es lohnt sich in jedem Fall, außen an den Aufbauten zu „bummeln" und Eindrücke zu sammeln. In der Nähe der Laderäume finden Sie noch einige Winschen und ein komplettes Sauggeschirr.

Am Wrack der *Sten Trans* sollten Sie sich Zeit lassen. Auch in Anbetracht der langen Anfahrt ist es ratsam, einen ganzen Tauchtag mit zwei bis drei Tauchgängen hier zu verbringen.

Flora und Fauna

Die ungeschützte Lage zwischen Langeland und Kiel wirkt sich vorteilhaft auf den Bewuchs aus. Es findet ein reger Wasseraustausch statt, und das Wrack verfügt daher über ein besonders reichhaltiges marines Leben. Am Boden der Laderäume können Sie große Kolonien von Seescheiden entdecken.

Besondere Merkmale

Biologisch Interessierte sollten auch zwischen den Aufbauten, besonders in der Nähe der Laderäume, die Augen offen halten. Sehr häufig findet man hier

Sten Trans

Das Eindringen in den Maschienenraum lohnt sich nicht.

Lebewesen, die eigentlich in ein anderes Seegebiet gehören, wie zum Beispiel einen Gast aus dem Kattegat, die Vierbärtelige Seequappe. Sie ist ein Vertreter der Dorschfamilie und die einzige Seequappenart, die weit in die Ostsee vordringt. Üblicherweise ist sie ein Bewohner der Weichbodenregionen.

Manchmal entdeckt man auch den bodenlebenden Nordischen Seeskorpion, einen gefräßigen Räuber, der der Umgebung in der Regel farblich gut angepaßt ist und so regungslos auf Beute lauert. Er ist entfernt mit den Drachenköpfen verwandt, besitzt jedoch keine giftigen Flossenstrahlen auf dem Rücken.

Sicherheitshinweise Da es in diesem Gebiet keinerlei Landabdeckung gibt, ist eine gute und stabile Wetterlage die wichtigste Voraussetzung zum Betauchen der *Sten Trans*. Häufig entstehen hier draußen starke Strömungen, die auch unerwartet die Richtung ändern können. Der Taucher muß dann geschickt zwischen den Auf-

Sten Trans

Die Vierbärtelige Seequappe ist ein Vertreter der Dorschfamilie und die einzige Seequappenart, die weit in die Ostsee vordringt.

Nordischer Seeskorpion, meistens auf der Lauer nach Beute.

Sten Trans

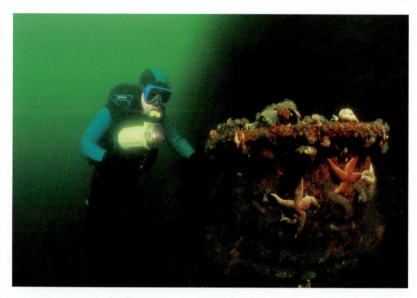

An der riesigen Winch.

bauten Deckung suchen, was aber in der Regel ohne Schwierigkeiten möglich ist. Ein weiteres Problem ist der oft sehr heftig auftretende Wellengang.

Tips für Fotografen Die *Sten Trans* ist ein Paradies für UW-Fotografen. Das Wrack bietet ideale Voraussetzungen für die Wrack- und Modellfotografie. Ebenso lohnend sind Makroaufnahmen, da an diesem Wrack besonders vielfältige Lebensformen vorkommen.

Richtwerte
Schwierigkeitsgrad: ✳✳✳
Interessantheitsgrad: ✳✳✳✳✳
Makrofotografie: ✳✳✳✳✳
Wrackfotografie: ✳✳✳✳✳

SVENDBORGSUND

In Svendborg, Februar 1978.

Name	*Svendborgsund*
Wrack Nr.	1239
Position	54° 37.130' N 10° 08.680' E
Schiffstyp	Küstenmotorschiff, ca. 560 t deadw., 299 grosston
Lage	nordöstlich Damp, ca. 9 sm N Leuchtturm Kiel
Abfahrt von	Damp, Marina Wendtorf, Eckernförde, Maasholm
Fahrtzeit	Kutter ab Damp: 45 min
	Schlauchboot ab Damp: 30 min
	Kutter ab Marina Wendtorf: 1 h 30 min
	Kutter ab Eckernförde: 2 h
	Kutter ab Maasholm: 1 h 15 min
Tiefe	Grund 24 m, Oberkante 19 m

Historisches   Das Wrack der *Svendborgsund* ist vielen Tauchern eher unter dem Namen „*Svendborg*" bekannt. Die *Svendborgsund* wurde in Århus gebaut und erhielt am 23. September 1964 den Namen *Kenitha*. Sie war als Küstenmotorschiff konzipiert, ein Fahrzeug von ca. 60 m Länge für Frachtverkehr zwischen den Hafenstädten im Nord-Ostseeraum. Im Januar 1976 wurde sie nach Svendborg verkauft und bekam den Namen *Hanne Stevens*. Im August 1977 verkaufte

Svendborgsund

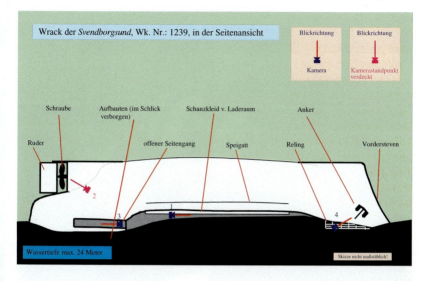

man sie erneut. Diesmal ging sie an Kapitän Knud Olsen in Svendborg und fuhr seitdem als *Svendborgsund*. Ihre letzte Reise sollte mit einer Ladung Hopfen von Nakskov in Dänemark nach Ruysbrock in Holland führen. In der Silvesternacht 1978 geriet sie bei sehr schlechten Wetterbedingungen durch Vereisung der Aufbauten in derart große Schwierigkeiten, daß die Besatzung das Schiff verlassen mußte. Sie sank am 2. Januar 1979 etwa 9 sm nördlich des Kieler Leuchtturmes.

Überblick Die *Svendborgsund* liegt nordöstlich von Damp in maximal 24 m Wassertiefe auf stark schlammigem Grund. Das Wrack steht überkopf, mit etwa 30° Neigung zur Steuerbordseite des Schiffes. Mit beinahe 60 m Länge zählt dieses Wrack zu den größten in der westlichen Ostsee.

Unter der höher gelegenen Backbordseite ist in den letzten Jahren eine starke Auskolkung entstanden. Das Wrack wurde hierdurch eigentlich erst interessant, da man jetzt das Brückennock und einen kleinen Teil der Aufbauten entdecken kann. Im Laufe

Svendborgsund

Taucher unter dem Wrack (1).

Die Schraube ist dicht bewachsen (2).

Svendborgsund

Ehemaliger Seitengang. Die Welt steht kopf! (3).

der Zeit legt die Strömung immer größere Teile der Wrackaufbauten frei.

Außerdem haben wir den Eindruck gewonnen, daß die Neigung des Wracks in den letzten Jahren etwas zugenommen hat. Der Rumpf des Schiffes wirkt völlig intakt, die Schraube und sogar der Buganker sind noch an ihrem Platz.

Flora und Fauna Das Wrack der *Svendborgsund* ist reichlich mit Seenelken, Seesternen, Miesmuscheln und Strandkrabben bevölkert. Im Bereich der Schraube und am Ruderblatt ist das marine Leben besonders vielfältig. Es ist hier in der Eckernförder Bucht nicht so stark geschädigt wie vor Kiel.

Sicherheitshinweise In dem tiefen Schlamm an der *Svendborgsund* hält kein Anker, außerdem nebelt man damit das gesamte Wrack in Rekordzeit ein. Als Befestigungspunkt für das Boot bietet sich die Strebe oberhalb der Schraube an. Die Ankerleine sollte auch nur dort festgemacht

Svendborgsund

werden, um weitere Zerstörungen am Bewuchs zu vermeiden, außerdem werden Sie dann kaum Schwierigkeiten bekommen, sich bei diesem Tauchgang zu orientieren und die Leine wiederzufinden.

Wenn man das Wrack der *Svendborgsund* von Damp aus anfährt, muß man unbedingt das Sperrgebiet, das durch gelbe Tonnen gekennzeichnet ist, umfahren. Hält man sich nicht daran, kann es teuer werden! Das Benutzen der Slipanlage muß vorher beim Hafenmeister angemeldet werden.

Besondere Merkmale Der interessante Teil des Wracks liegt, vom Heck aus gesehen, rechts vor Ihnen. Auf dieser Seite befinden sich die Auskolkungen bei den Aufbauten und dem Laderaum. Daß die den Taucher interessierenden Ecken alle direkt über dem Schlammgrund liegen, stellt für Sie und vor allem für die Ihnen folgenden Taucher ein riesiges Problem dar. Kleine Ursache,

Der Buganker (4).

Svendborgsund

Die Slipanlage im Yachthafen von Damp ist zum Einsetzen von Schlauchbooten gut geeignet.

große Wirkung – im Nu sind die Aussichten für den restlichen Tauchgang trübe geworden. Wenn Sie sich nicht auf bloßes Abtasten des Wracks beschränken wollen, müssen Sie also auf perfekteste Tarierung und extrem vorsichtige Flossenarbeit achten.

Tips für Fotografen Um brauchbare Fotos zu bekommen, sollten Sie mit Ihren Tauchpartnern absprechen, daß sie erst nach Ihnen das Wrack erkunden.

Richtwerte
Schwierigkeitsgrad: ✳✳✳
Interessantheitsgrad: ✳✳✳
Makrofotografie: ✳✳✳
Wrackfotografie: ✳✳

„MITTELGRUNDWRACK"

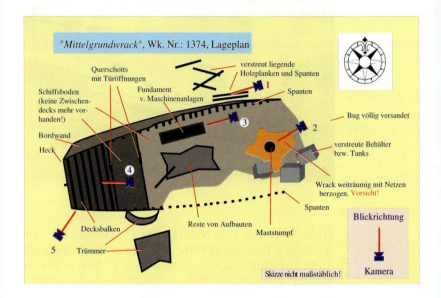

Name	Schiffsname nicht bekannt, genannt „*Mittelgrundwrack*"
Wrack Nr.	1374
Position	54° 30.850' N 10° 05.520' E
Schiffstyp	Segler mit Hilfsantrieb
Lage	Eckernförder Bucht (am „Mittelgrund")
Abfahrt von	Eckernförde
Fahrtzeit	Kutter: 1 h 35 min
	Schlauchboot: 30 min
Tiefe	Grund 17 m, Oberkante 13 m

Überblick Das „*Mittelgrundwrack*" liegt in der Eckernförder Bucht, nahe einer Untiefe, die dem Wrack auch seinen Namen gegeben hat. Es hat ca. 15° Schlagseite nach Steuerbord. Der Bug weist etwa in Richtung Osten. Außer bei starkem Ostwind kann hier bei fast jedem Wetter getaucht werden. Die geschützte Lage sorgt für moderaten Wellengang. Bei Ostwind ver-

„Mittelgrundwrack"

schlechtert sich die Sicht am Wrack, da dann eine leichte Strömung Schwebeteile aus der Bucht hinausschwemmt.

Name und Herkunft des Wracks sind uns nicht bekannt. Der Bauform nach muß es ein Segler mit einem Hilfsantrieb gewesen sein, eine Schraubenwelle findet sich noch unter dem Spiegelheck des Schiffes. Auf einen Segler lassen weiterhin die großen Mengen von Rundhölzern (Masten und Bäume) schließen, deren Bruchstücke auf dem gesamten Wrack verteilt sind. Auch der Stumpf eines Fockmastes findet sich noch im vorderen Wrackbereich. Im mittleren Bereich des Schiffes liegen Wrackteile, die wie Fundamente von Maschinenanlagen aussehen. Der gesamte Rumpf ist aus Holz in Karweelbauweise gefertigt. Obwohl stark verfallen, hat es einen eigentümlichen Reiz und erinnert an antike Wracks aus dem Mittelmeer mit seinen Reihen von freistehenden Spanten und vermoderten Planken.

Die Spanten der Mittschiffssektion (1).

„Mittelgrundwrack"

Taucher über dem Mittschiff. Auch hier hat es Netzhaker gegeben (2).

Fundament auf dem Schiffsboden (3).

„Mittelgrundwrack"

Vom Achterdeck stehen nur noch die Spanten (4).

Am besten ist das Heckteil des Wracks erhalten. Vom Achterdeck stehen jedoch nur noch die Decksbalken, die Decksplanken sind völlig verschwunden. Im Inneren des Heckteiles stehen noch die Querschotten mit Durchgängen. Es gibt kein Oberdeck mehr, der Blick nach unten fällt direkt auf die Wegerung oder die Planken des ehemaligen Schiffsbodens.

Das Wrack wird nach vorne hin flacher, um dann regelrecht „im Sande zu verlaufen". Der Bug des Schiffes fehlt völlig, nur ein paar regelmäßig geformte, große Behälter liegen herum.

Flora und Fauna Der Bewuchs ist nicht sehr stark ausgeprägt, so daß man die Struktur des ehemaligen Schiffskörpers noch gut erahnen kann.

„Mittelgrundwrack"

Schraubenwelle und Ruder unter dem Heck (5).

Sicherheits- Das *„Mittelgrundwrack"* ist bei gutem Wetter durch-
hinweise aus „anfängertauglich". Außer den allgemein beim
Wracktauchen üblichen Sicherheitsvorkehrungen
gibt es hier nichts hervorzuheben.

Tips für Hier hat man Gelegenheit, sich an eindrucksvollen
Fotografen Übersichten zu versuchen. Die für Ostseeverhältnisse ausgesprochen gute Helligkeit am Wrack hilft
einem dabei.
    In jüngster Zeit kann man wieder häufiger Dorsche
an diesem Tauchplatz beobachten. Sie halten jedoch
meistens zu große Distanz, um fotografiert werden
zu können – die besten Chancen hat man sicherlich
mit einem 105er Makrotele im Unterwassergehäuse.

Richtwerte Schwierigkeitsgrad: ✶✶
Interessantheitsgrad: ✶✶✶
Makrofotografie: ✶✶
Wrackfotografie: ✶✶✶✶

NORDLAND

Die Nordland.

Name *Nordland*
Wrack Nr. 35
Position 54° 29.44' N   09° 85.05' E
Schiffstyp Küstenpanzerschiff
Lage Eckernförder Bucht
Abfahrt von Eckernförde
Fahrtzeit Kutter ab Eckernförde: 1 h
Schlauchboot ab Eckernförde: 20 min
Tiefe Grund 27 m, Oberkante 24 m

Historisches Die *Nordland* war zunächst ein dänisches Küstenpanzerschiff mit dem Namen *Nils Juel*. Den Dänen diente es als Kadettenschulschiff. Am 29.08.1943 strandete die *Nils Juel* in der Nähe von Nykøbing. Am 1. 04.1944 wurde sie von den Deutschen gehoben und repariert.

Unter dem Namen *Nordland* fand sie ab September 1944 Verwendung als Ausbildungsschiff der deut-

Nordland

Reste einer Bordwand.

schen Flotte. Am 3.05.1945 wurde sie vor Eckernförde auf Reede liegend durch Fliegerbomben versenkt. 1952 wurde das Wrack von einer Bergungsfirma zum größten Teil abgebrochen.

Länge: 155 m Verdrängung: 3800 t
Höchstfahrt: 16 kn Besatzung (als *Nordland*): 170 Mann

Überblick

Das Wrack befindet sich ziemlich genau an der tiefsten Stelle der Eckernförder Bucht. Der Tauchplatz liegt dicht am Eckernförder Hafen und ist leicht auch mit kleinen Booten zu erreichen. Die *Nordland* ist weitgehend abgewrackt und befindet sie sich in sehr schlechtem Zustand. Die Überreste sind stark mit Seenelken bewachsen, was zwar einerseits erfreulich ist, aber die Identifizierung einzelner Wrackteile erschwert. Leider liegt das Wrack auf einem „taucherunfreundlichen" Schlammgrund – ein unbedachter Flossenschlag, und man sieht kaum noch etwas. Tauchschulen fahren dieses Wrack manchmal an, um Tieftauchgänge zu trainieren.

Flora und Fauna

Attraktiv wird das Wrack jedoch durch seinen üppigen Bewuchs und seine Tierwelt. Häufig konnte dort schon ein stattlicher Köhler beobachtet werden.

Nordland

Manche Wrackteile sind schwer zu bestimmen.

Sicherheits-hinweise

Die Anfahrt zur Tauchstelle ist unproblematisch. Die Wassertiefe von 27 m dürfte geübten Tauchern keine Schwierigkeiten bereiten, auch wenn es bei ungünstigen Verhältnissen stockfinster ist. Bei schlechten Sichtbedingungen kann es passieren, daß man die Bojenleine nicht wiederfindet. Ein freier Aufstieg ist dann angesagt. Besonders Taucher, die noch wenig Erfahrung mit Trockentauchanzügen haben, sollten das vorher geübt haben.

Tips für Fotografen

Bei diesem Wrack sollte man auf die Details achten. Damit sind kleinere Wrackteile, aber vor allem auch das Leben am Wrack gemeint. Unterwasserfotografen bewaffnen sich am besten mit einer Makrokamera. Wählen Sie dabei eine Brennweite von maximal 60 mm; die zu erwartenden Sichtweiten sind nicht besonders groß. Mit dem Köhler werden Sie jedoch vermutlich Pech haben; er ist scheu und läßt Sie maximal auf 2 m herankommen.

Richtwerte

Schwierigkeitsgrad: ✳✳✳✳
Interessantheitsgrad: ✳✳✳
Makrofotografie: ✳✳✳✳
Wrackfotografie: ✳✳

KAYT

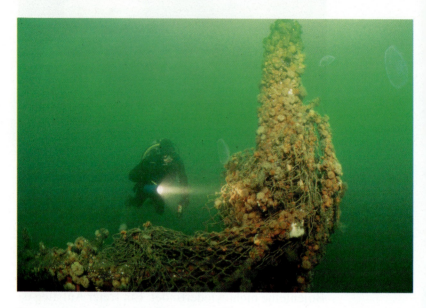

Der Steven ist von Netzen überzogen (1).

Name	*Kayt*
Wrack Nr.	657
Position	54° 29.360' N 10° 15.920' E
Schiffstyp	Wachboot
Lage	Kieler Förde, Nähe Leuchtturm Kiel
Abfahrt von	Kiel, Marina Wendtorf
Fahrtzeit	Kutter ab Kiel: 1 h 20 min
	Kutter ab Marina Wendtorf: 50 min
Tiefe	Grund 20 m, Oberkante 16 m

Überblick Das Wrack des hölzernen ehemaligen Wachbootes *Kayt* liegt unweit des Leuchtturms von Kiel in 20 m Wassertiefe. Bedingt durch die unmittelbare Nähe der Schiffahrtsstraße wird es manchmal recht laut unter Wasser, vor allem, wenn sich eine der gewaltigen Fähren ihren Weg nach Kiel bahnt.

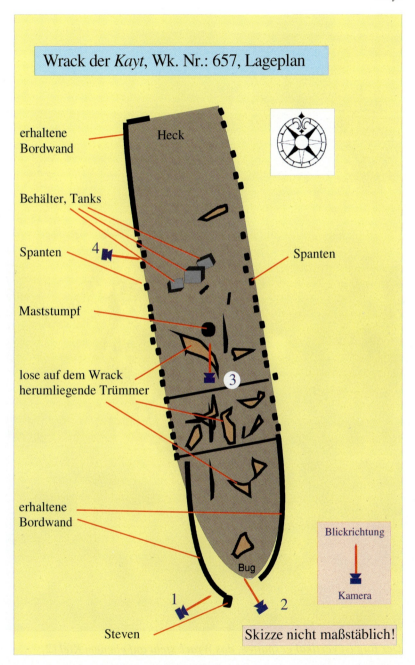

Kayt

Der Bug ist vertikal gespalten, das Wrack steht auf ebenem Kiel (2).

Die Mittschiffssektion liegt völlig flach (3).

Das Wrack liegt schon zu weit vor der Küste, um noch von einer direkten Landabdeckung sprechen zu können. Trotzdem wirkt sich auch hier ein Ostwind wesentlich ungemütlicher aus als alle anderen Windrichtungen.

Die *Kayt* ist in keinem guten Zustand erhalten. Der Bug ist vertikal in zwei Hälften geteilt, vom Heck steht nur noch die Steuerbordseite.

Die Mittschiffssektion liegt völlig flach. Offenbar hat die *Kayt* an dieser Stelle ihren Minentreffer bekommen, wahrscheinlich wurde sie anschließend, bedingt durch ihre Nähe zum Fahrwasser, noch gesprengt.

Flora und Fauna

Der Bewuchs hat in den letzten Jahren infolge sich verschlechternder Umweltbedingungen stark nachgelassen. Vor wenigen Jahren galt dieses Wrack noch als Geheimtip für Makrofotografen. Heute sieht man

Kayt

Seenelke mit Seestern, aufgenommen im Juni 1991.

Kayt

Taucher hinter den Spanten im Heckbereich der Kayt (4).

noch ab und zu ein paar Dorsche in kleinen Schulen vorüberziehen. Daß die Bedingungen schlechter geworden sind, ist eine Feststellung, die für den gesamten Bereich der Kieler Bucht gilt.

Sicherheits-hinweise

Das Wrack der *Kayt* liegt nahe an der Fahrrinne von Kiel. Es ist daher besonders von allen Beteiligten darauf zu achten, daß weder Taucher noch das Schiff in Richtung auf das Fahrwasser abtreiben. Für den Taucher heißt das, bei Beendigung des Tauchgangs unbedingt an der Bojenleine aufzutauchen, auch wenn bei diesem Wrack nicht mit übermäßig starker Strömung gerechnet werden muß.

Unerfahrene Taucher sollten nur von ostseeerfahrenen Tauchern begleitet werden und auf die beunruhigenden Geräusche vorüberfahrender Schiffe vorbereitet werden.

Kayt

Besondere Merkmale	Sicherlich gibt es beeindruckendere Wracks in der Kieler Bucht, daher achtet man am besten auf die kleinen Dinge wie den Bewuchs und die Strandkrabben, die es hier immer noch gibt. Das Wrack ist klein genug, um es in einem einzigen Tauchgang komplett zu betauchen.
Tips für Fotografen	Hier ist die Makroausrüstung zu empfehlen.
Richtwerte	Schwierigkeitsgrad: *** Interessantheitsgrad: ** Makrofotografie: ** Wrackfotografie: *

„KLEINER FRACHTER"

Am Niedergang im Bugbereich.

Name	Schiffsname nicht bekannt, genannt „*Kleiner Frachter*"
Wrack Nr.	1201
Position	den örtlichen Tauchbasen bekannt
Schiffstyp	kleines motorgetriebenes Frachtfahrzeug
Lage	ca. 5 sm östlich Leuchtturm Kiel
Abfahrt von	Marina Wendtorf, Kiel Holtenau
Fahrtzeit	Kutter ab Marina Wendtorf: 1 h Kutter ab Kiel Holtenau: 1 h 30 min
Tiefe	Grund 19 m, Oberkante 15 m
Überblick	Das Wrack ist nur etwa 26 m lang und liegt in der Kieler Bucht in ca. 19 m Wassertiefe. Es steht auf ebenem Kiel und ist recht gut erhalten. Sogar die Schraube ist noch an ihrem Platz. Das Ruderhaus fehlt. Der Laderaum kann in seiner ganzen Länge betaucht werden. Am hinteren Ende des Laderaumes

„*Kleiner Frachter*"

Die Schraube ist noch an ihrem Platz.

„Kleiner Frachter"

findet sich noch ein umgebrochener Ladebaum oder Mast. Das Schiff erinnert an einen kleinen Lastkahn, wie er auf Flüssen eingesetzt wird, und eigentlich weiß niemand so recht, was ein derartiges Fahrzeug hier draußen auf der Ostsee verloren hatte.

Flora und Fauna

Der *„Kleine Frachter"* hat ein besonders gut erhaltenes und schützenswertes Biotop. Der schönste Bewuchs befindet sich an der oberen Kante der Bordwände und des Schanzkleides vom Laderaum.

Sicherheitshinweise

Die Lage des Wracks kann aufgrund weit entfernter Landabdeckung nicht mehr als geschützt bezeichnet werden. Die Strömung kann hier draußen zwar manchmal recht heftig werden, trotzdem ist das Wrack wegen seiner guten Übersichtlichkeit „Ostsee-Einsteigern" zu empfehlen.

Bei keinem anderen Wrack konnten so große Seesterne beobachtet werden! Die bläschenartigen Ausstülpungen dienen zur Sauerstoffaufnahme.

„Kleiner Frachter"

Bei starker Strömungen, wie wir sie hier schon häufig erlebt haben, ist eine gute Kondition vor allem auf dem Weg vom Tauchbasenschiff zur Abtauchboje vonnöten. Unten am Wrack ist dann die Strömung nicht mehr so störend, da man ja hinter den Wrackteilen in Deckung gehen kann. Der Skipper des Tauchschiffes sollte eine Strömungsleine legen.

Taucherin unter Ladebaumrest. Links unten der Eingang zum Laderaum.

„Kleiner Frachter"

Es lohnt sich, mit der Videokamera einen „Gleitflug" über das Wrack zu machen.

Besondere Merkmale	Der *„Kleine Frachter"* ist in der Ostsee etwas Besonderes. Seine Herkunft ist noch völlig ungeklärt. Demzufolge sollte das „antike Stück" auf jeden Fall so belassen werden, wie es vorgefunden wurde. Wenn Sie im Laderaum nachschauen, begegnen Ihnen noch manche maritime Gegenstände. Lassen Sie sie bitte dort!
Tips für Fotografen	Wrackfotografen wie auch Makrofotografen kommen gleichermaßen auf ihre Kosten.
Richtwerte	Schwierigkeitsgrad: ✶✶ Interessantheitsgrad: ✶✶✶✶ Makrofotografie: ✶✶✶✶ Wrackfotografie: ✶✶✶

„BETONSCHUTE"

Der Bewuchs an den stark zerklüfteten Betonwänden des Wracks wird von Braunalgen beherrscht.

Name	Schiffsname nicht bekannt, genannt „*Betonschute*"
Wrack Nr.	34
Position	54° 29.17' N 10° 06.18' E (BSH)
Schiffstyp	antriebslose Schute, Rumpf aus Beton
Lage	Eckernförder Bucht
Abfahrt von	Eckernförde
Fahrtzeit	Kutter: 1 h 10 min
	Schlauchboot: 20 min
Tiefe	Grund 8 m, Oberkante 2 m

Überblick Die „*Betonschute*" liegt in der Eckernförder Bucht, in direkter Ufernähe neben der Gefahrentonne. Zumindest am Bug steht sie auf ebenem Kiel, ist aber in mehrere Teile zerbrochen. Die restlichen Trümmer lassen sich nur schwer zuordnen. Der Bug weist etwa in Richtung Westen und ist an einer dort angebrach-

„Betonschute"

ten Schleppöse zu erkennen. Wie bei einer Schute üblich, besaß das Schiff keinen eigenen Antrieb, sondern wurde ausschließlich im Schlepp bewegt. Das Wrack besteht tatsächlich aus Beton. Diese Schiffsbauweise wurde vor allem in der rohstoffarmen Nachkriegszeit eingesetzt. Auch heute werden kleinere Wasserfahzeuge und sogar einige Yachten in „Ferrozement" hergestellt.

Die maximale Wassertiefe am Wrack beträgt 8 m. Die „Betonschute" liegt gut geschützt unter Land und kann, mit Ausnahme von starkem Ostwind, bei nahezu jedem Wetter betaucht werden. Bei Ostwind und bei besonders starken Winden aus Nord, Nordwest und Nordost wird die Unterwassersicht ziemlich schlecht, da das Wrack schon sehr nahe an der Brandungszone liegt.

Schon in 9 m Wassertiefe ist der Sandgrund. Links im Bild die Überreste einer Bordwand.

„*Betonschute*"

Flora und Fauna

Der Bewuchs an der „*Betonschute*" unterscheidet sich stark von dem der restlichen Wracks in der Ostsee.

Sie werden vor allem Braunalgen, aber auch Seenelken finden. Der Wrackbewuchs der tieferen Ostsee mischt sich hier in einzigartiger Weise mit dem des Flachwassers.

Taucherin am Bug.

„Betonschute"

Dem Unterwasserfotografen bieten die Trümmer der „BETONSCHUTE" ein ergiebiges Betätigungsfeld.

Sicherheits-   Für Taucher ist hier über die beim Wracktauchen üb-
hinweise   lichen Sicherheitsregeln hinaus nichts zu beachten, wohl aber für den Skipper!
                    Das Wrack ragt teilweise bis auf ca. 1,5 m (je nach Wasserstand) unter die Oberfläche auf. Daher besteht für tiefergehende Wasserfahrzeuge eine ernstzunehmende Gefahr aufzulaufen. Am sichersten fährt man dieses Wrack daher mit einem Schlauchboot an.

Besondere   Achten Sie besonders auf die eigentümliche Vegeta-
Merkmale   tion! Bei eingehender Betrachtung ist dieses Wrack mehr als nur eine „Notlösung" für Tauchtage, an denen die Wetterlage größere Ausfahrten verhindert, und wegen der geringen Wassertiefe ist es gut geeignet, um erste Erfahrungen beim Wracktauchen zu sammeln.

„*Betonschute*"

Das Taucher-schlauchboot wird im Yachthafen von Eckernförde für die Fahrt zur „BETON-SCHUTE" beladen.

Tips für Fotografen Im Winter und im Frühjahr kann man hier Seehasen antreffen und aus nächster Nähe fotografieren.

Richtwerte Schwierigkeitsgrad: *
Interessantheitsgrad: **
Makrofotografie: ***
Wrackfotografie: ***

VOITJA

Zwillingsflak.

Name	*Voitja*, zuletzt *Wachschiff 11*
Wrack Nr.	336
Position	den örtlichen Tauchbasen bekannt
Schiffstyp	Segelschiff als Dreimastbark getakelt; später entmastet und umgebaut zum Wachschiff
Lage	Kieler Förde, Nähe Leuchtturm Kiel
Abfahrt von	Kiel, Marina Wendtorf.
Fahrtzeit	Kutter ab Kiel: 1 h 25 min
	Kutter ab Marina Wendtorf: 55 min
Tiefe	Grund 21 m, Oberkante 16 m

Historisches   Die *Voitja* ist 1907 als Dreimastbark in Rußland gebaut worden. Eine Zeitlang wurde sie in Estland bereedert und ging 1940 an die Sowjetunion. Ihre Zeit als Segelschiff endete, nachdem sie, 1941 von den Deutschen erbeutet und später zum Wachschiff um-

Voitja

gebaut, am 7. 02.1945 als *Wachschiff 11* in Dienst gestellt wurde und nun zur 1. Sicherungs-Division gehörte. Eingesetzt wurde sie als „Wachschiff für flugzeugminen-bedrohte Gewässer" und ist noch im selben Jahr durch Kriegseinwirkung verlorengegangen.

Länge:	67 m
Breite:	11 m

Blick durch die Reste der Brückenaufbauten. Die Aufnahme entstand im August 1991.

Voitja

Überblick Das Wrack der *Voitja* befindet sich in unmittelbarer Nähe des Leuchtturmes Kiel am Rande des dicht befahrenen Fahrwassers. Betaucht werden darf es nur mit einer Sondergenehmigung, die schwer zu bekommen ist.

Das Wrack liegt in maximal 21 m Wassertiefe. Die höchste Erhebung ragt etwa 5 m über dem Grund auf.

Oft herrscht bedrückende Dunkelheit und Kälte an tiefer liegenden Wrackteilen.

Voitja

Bei der *Voitja* handelt es sich wie bei der *Kayt* um ein hölzernes Wachboot. Das Wrack ist jedoch wesentlich besser erhalten. Auf dem Vordeck steht noch ein Zwillingsgeschütz, völlig von Seenelken, Seepocken und Muscheln überkrustet. Die Brücke ist noch vorhanden und auf der Backbordseite weit aufgerissen. Der Bug ist durch einen Netzhaker auseinandergerissen, die Netzreste hängen noch dort, also Vorsicht!

Seenelken und Muscheln auf einer Stahlplatte. Junge Miesmuscheln sind an der helleren Schalenfärbung erkennbar.

Voitja

Die *Voitja* gehört zu den Wracks, die man erst nach einigen Tauchgängen wirklich begreift. Bug und Brücke sind klar zu erkennen, das Heck ist jedoch stark zerstört.

Flora und Fauna

Reizvoll ist vor allem der wunderschöne Bewuchs, wenn er auch, so wie bei den anderen Wracks in der Kieler Förde, in den letzten Jahren spärlicher geworden ist. Alle hier gezeigten Aufnahmen wurden 1991 gemacht. Dieses Wrack wird als „Perle der westlichen Ostsee" bezeichnet.

Sicherheitshinweise

Achtung! Das Wrack der *Voitja* liegt in unmittelbarer Nähe des Leuchtturmes Kiel am Rande des Fahrwassers. Dort darf man normalerweise nicht Tauchen. Es geht nur mit einer Sondergenehmigung, und die ist schwer zu bekommen, da die Lotsen des Leuchtturmes den Schiffsverkehr für die Dauer des Tauchvorhabens umleiten müssen. Dann ist eine genaue Absprache mit den Lotsen unbedingt erforderlich und deren Anweisungen Folge zu leisten. Bei Nichtbeachtung dieser Punkte besteht akute Lebensgefahr!

Merken Sie sich die Lage der Abtauchleine für Ihren Rückweg wirklich sehr genau, denn das Wrack ist unübersichtlich und die Sicht nicht immer gut. Es ist unbedingt an der Bojen- bzw. Ankerleine aufzutauchen, da sonst ein Abtreiben in das Fahrwasser droht. Die Ankerwache muß Funkkontakt zum Leuchtturm halten.

Dieses Wrack sollte nur nach gründlichen Vorbereitungen bzw. Absprachen von erfahrenen Tauchern und nur als Ausnahmevorhaben betaucht werden.

Tips für Fotografen

Das gesamte Wrack ist interessant. Brücke und Buggeschütz bieten sich als Fotomotive geradezu an. Aber auch Makromotive gibt es hier reichlich, da die *Voitja* selten betaucht wird und das Biotop gut erhalten ist. Man kann das Wrack problemlos innerhalb eines Tauchganges umrunden.

Eine junge Seenelke hat sich im endständigen Bereich der Muschel festgesetzt und profitiert von ihrem Nahrungswasserstrom.

Voitja

Imponierende Strandkrabbe: Die Scheren sind funktionstüchtige Werkzeuge zur Nahrungsaufnahme und Waffen zur Verteidigung.

Richtwerte Schwierigkeitsgrad: ∗∗∗∗ (wegen der Fahrrinne!)
Interessantheitsgrad: ∗∗∗∗
Makrofotografie: ∗∗∗∗
Wrackfotografie: ∗∗∗∗

BRAGE

Taucher über dem Wrack.

Name	*Brage*
Wrack Nr.	339
Position	54° 28.680' N 10° 14.360' E
Schiffstyp	Minenleger
Lage	Kieler Förde, Nähe Kiel Leuchtturm
Abfahrt von	Marina Wendtorf, Kiel Holtenau
Fahrtzeit	Kutter ab Marina Wendtorf: 30 min
	Kutter ab Kiel Holtenau: 55 min
Tiefe	Grund 19 m, Oberkante 15 m

Historisches   Die *Brage* erscheint zum erstenmal am 1.11.1878 in der Seefahrtgeschichte. Zu diesem Zeitpunkt wurde sie in Norwegen als „Kanonenbatterie 2. Klasse" gebaut und 1879 in Betrieb genommen. Gebaut wurde sie von der „Marinens Hovedverft", Horten, mit der Baunummer 58. In den Jahren 1911 bis 1913 wurde das Schiff zum Minenleger umgebaut und im Zuge

Brage

des Zweiten Weltkrieges am 14.4.1940 in Melsomvik an Deutschland übergeben. Die weitere Verwendung dieser merkwürdigen Schiffskonstruktion bleibt im unklaren, ebenso die Frage, wie die *Brage* an ihren heutigen Platz gekommen ist, denn sie wurde nicht durch Kriegseinwirkungen versenkt, sondern einfach aus der Liste der Kriegsschiffe gestrichen.

Länge:	29 m	Breite: 7,9 m
Leistung:	230 i	Geschwindigkeit: 8-10 kn
Antrieb:	Zwei stehende 3 Zyl. 3fach Expansionsdampfmaschinen, gespeist von zwei Kesseln.	
Reichweite:	600 sm bei 8 kn, Bunkerkapaz.: 22 t Kohle	
Bewaffnung:	Ein 4,7 cm und zwei 3,7 cm Geschütze, außerdem bis zu 20 Minen.	

Ein Stück aus der Bordwand der BRAGE, aufgenommen im August 1991.

Die Schönheit der Ostsee liegt im Detail. Junge Seenelke mit ausgestreckten nesselkapselbewehrten Fangtentakeln.

Die muskulöse Schlundöffnung im Zentrum des Tentakelkranzes einer Seenelke.

Brage

Eine Seenelke sitzt mit ihrem Saugfuß auf dem harten Rückenpanzer einer Strandkrabbe. Ständiges Umhergetragenwerden sichert ihr eine gute Versorgung mit Nahrung aus dem freien Wasser.

Überblick Das Wrack liegt als erstes Wrack im Ausgang der Kieler Förde in ca. 19 m Wassertiefe. Die maximale Wrackhöhe beträgt ca. 4 m. Durch die noch recht geschützte Lage und die verhältnismäßig geringe Wassertiefe ist dieses Wrack ideal für Nachttauchgänge geeignet.

In der Vergangenheit wurde an dem Wrack sehr viel gesprengt, so daß nur noch der Bug und die Bordwand auf der Backbordseite einigermaßen unbeschädigt geblieben sind. Von der einstigen Steuerbordseite zeugt nur noch eine Reihe senkrecht stehender Spanten.

Flora und Fauna Trotz der Zerstörungen ist die *Brage* ein sehenswertes Wrack mit einem sehr gut erhaltenen Biotop.

Sicherheitshinweise Für das Betauchen der *Brage* sind keine über die beim Wracktauchen üblichen Sicherheitsvorkehrungen hinausgehenden Maßnahmen erforderlich.

Brage

Eine Strandkrabbe begleitet einen Taucher als blinder Passagier.

Die Überreste der *Brage* können in einem Tauchgang komplett umrundet werden.

Besondere Merkmale Das Wrack selbst ist bei weitem nicht so interessant wie der Bewuchs und die anderen zahlreichen Lebewesen wie zum Beispiel die „handzahmen Strandkrabben". Tatsächlich kommen sie häufig zu den Tauchern herübergesegelt, um sie als Taxi zu gebrauchen und auf ihnen eine „Rundfahrt" um das Wrack zu machen. Besonders reizvoll ist eine nächtliche (Foto-)Pirsch an der *Brage*. Vor allem in den Sommermonaten sollten Sie einmal Ihre Lampe während des Nachttauchganges ausschalten. Ziehen Sie Ihre Hand durch das Wasser, und Sie werden staunend erleben, welch schöne Leuchtspuren Sie in die nächtliche See malen können.

Tips für Fotografen Das Wrack der *Brage* bietet besonders lohnende Motive für Makroaufnahmen. Ein 60 mm Makroobjektiv im Gehäuse wäre hier ideal, denn an alle Lebewesen kann man sehr dicht heran.

Richtwerte
Schwierigkeitsgrad: ✶✶
Interessantheitsgrad: ✶✶✶
Makrofotografie: ✶✶✶✶✶
Wrackfotografie: ✶✶✶

Unterwasserfotografie

Voraussetzungen für erfolgreiche Unterwasserfotografie

Der Fotograf   Die Unterwasserfotografie ist nur bedingt mit der Fotografie über Wasser vergleichbar, trotzdem muß ein angehender Unterwasserfotograf schon sehr sicher im Umgang mit Zeit- und Blendeneinstellung, Entfernungseinstellung und Schärfentiefebereich sein, um bereits in der Anfangszeit brauchbare Ergebnisse zu erhalten.

Fotografische Grundlagen sollen daher nicht Thema dieses Kapitels sein, auch das Grundwissen für die Fotografie unter Wasser soll hier nur gestreift werden. Wenn Sie neu in die Unterwasserfotografie einsteigen wollen, finden Sie empfehlenswerte Bücher zum Thema in den Literaturhinweisen. Um den Blick für ein gutes Bild zu bekommen, ist es hilfreich, sich gute Unterwasserfotografien anzusehen und für sich selbst zu analysieren, warum gerade diese Bilder eine besonders starke Wirkung auf den Betrachter ausüben.

Der Taucher   Für den Taucher sollte das Leben unter Wasser zur zweiten Natur geworden sein. Damit ist gemeint, daß er sämtliche zur Bedienung des Tauchgerätes erforderlichen Handgriffe absolut sicher beherrscht und sie nicht mehr seine gesamte Aufmerksamkeit und Konzentration erfordern.

Verhalten als Fotograf   Der Unterwasserfotograf sollte sich ein betont ruhiges Verhalten unter Wasser angewöhnen. Langsamste Bewegungen in Verbindung mit perfekter Tarierung wirbeln weniger Sedimente auf und erhalten die für die Unterwasserfotografie dringend notwendigen Sichtweiten.

Da dieses langsame Tauchen auch Mißstimmungen bei eventuell anders interessierten Tauchpartnern verursachen kann, sollten Fotografen sich schon vor dem Tauchen die Langsamsten der Gruppe als Tauchpartner wählen und mit ihnen den bevorstehenden Tauchgang planen. Die Aussicht auf ein gutes Unterwasserposter hat schon manchen Tauchpartner zum begeisterten Fotomodell werden lassen.

Grundlagen der Unterwasserfotografie

Sehen unter Wasser

Wasser ist ein für uns fremder Lebensraum, den wir uns nur mit Hilfe der Technik für eine begrenzte Zeit zugänglich machen können. Unsere Sinnesorgane sind für den Unterwassereinsatz nur beschränkt tauglich. Das fängt schon damit an, daß ein Mensch unter Wasser ohne eine Tauchermaske eine Fehlsichtigkeit von ca. 40 Dioptrien aufweist. Diese Fehlsichtigkeit liegt darin begründet, daß die uns normalerweise umgebende Luft einen anderen Brechungsindex aufweist als Wasser, das heißt, unsere Hornhaut hat für das Sehen unter Wasser einfach nicht die richtige Wölbung. Genauso ergeht es dem Objektiv unserer Kamera, auch diese Linsen sind für einen Übergang von Luft zum Glas und nicht für den Übergang von Wasser zum Glas konstruiert. Durch das Aufsetzen einer Tauchermaske, die um die Augen einen Luftraum bildet, wird die wasserbedingte Fehlsichtigkeit des Menschen behoben, das Kameraobjektiv lernt durch die vorgesetzte Glasscheibe des luftgefüllten Unterwassergehäuses wieder zu sehen. Auch bei Kameras, die wasserdicht konzipiert sind, wie z.B. die *Nikonos*, ist vor dem eigentlichen Objektiv eine Planglasscheibe eingebaut, oder das Objektiv ist gleich für den ausschließlichen Unterwassergebrauch berechnet worden, wie es z. B. bei den UW-*Nikkor* Objektiven zur *Nikonos* mit Brennweiten von 28 mm und kürzer der Fall ist.

Unterwasserfotografie

Entfernungen unter Wasser Gegenstände und Motive erscheinen unter Wasser näher und größer, als sie tatsächlich sind. Hervorgerufen wird diese Erscheinung durch die Lichtbrechung beim Übergang vom Wasser in den Luftraum der Tauchermaske oder des Unterwassergehäuses der Kamera. Ein tatsächlich 4 m entfernter Gegenstand wird unter Wasser in einer Entfernung von 3 m wahrgenommen. Bei diesen 3 m spricht man von der „scheinbaren Entfernung". Unter Wasser erscheinen Gegenstände 1/3 vergrößert und 1/4 näher.

Es ist wichtig zu wissen, daß die Kamera immer auf die scheinbare Entfernung eingestellt werden muß, bei einer Spiegelreflexkamera geschieht das sogar insofern automatisch, als daß der Entfernungsmesser genauso getäuscht wird wie das menschliche Auge. Der Weg, den Motivabstand mit einem Maßband zu messen und die gemessene Entfernung ohne Korrektur an der Kamera einzustellen, wäre somit die sicherste Methode, unscharfe Aufnahmen zu machen.

Bei der Arbeit mit Kameras ohne Entfernungsmesser hilft uns die Tatsache, daß sich das Auge in gleicher Weise täuschen läßt wie die Kamera. Die geschätzte Entfernung entspricht hierbei wieder der scheinbaren Entfernung und somit dem an der Kamera einzustellenden Aufnahmeabstand. Wenn Sie gut Entfernungen schätzen können, wird Ihnen das helfen, um scharfe Aufnahmen zu erhalten.

Durch den eben beschriebenen Effekt der Bildhebung erscheinen unter Wasser nicht nur Gegenstände näher, analog dazu werden auch die Aufnahmewinkel der verwendeten Objektive kleiner.

Ein 50 mm Objektiv, Normalobjektiv über Wasser, wird zum leichten Teleobjektiv, und das 35 mm Objektiv, normalerweise ein leichtes Weitwinkel, wird zum Normalobjektiv mit ca. 45° Aufnahmewinkel.

Wenn man dann auch noch an die Einschränkung der Sichtweiten durch Schwebeteilchen im Wasser denkt, wird verständlich, warum sich in der Unterwasserfotografie die kurzen Brennweiten einer besonders großen Beliebtheit erfreuen.

Unterwasserfotografie

Das Licht unter Wasser

Wasser absorbiert Licht, und zwar in Abhängigkeit vom Weg, den das Licht im Wasser zurücklegt. So stehen in 45 m Wassertiefe bei klarem Wasser nur etwa 1/16 des gesamten Tageslichts zu Verfügung, das sind immerhin 4 Blendenstufen weniger als an der Wasseroberfläche. Leider werden die einzelnen spektralen Lichtanteile auch noch unterschiedlich stark absorbiert. Dieser als Extinktion bezeichnete Vorgang führt dazu, daß in 5 m die roten Lichtanteile, in 10 m die orangen, in 25 m die gelben und in 50 m die grünen Lichtanteile ausgefiltert sind. In größeren Tiefen ab ca. 50 m bleiben nur noch die blauen Lichtanteile übrig.

In trüberen Binnenseen und in der Ostsee bewirkt die Streuung der Lichtstrahlen, hervorgerufen durch Schwebeteilchen wie Algen oder Plankton, eine Farbverschiebung des Wassers in Richtung gelbgrün.

Da z. B. in der Ostsee die blauen Lichtanteile sehr früh durch Schwebeteilchen herausgefiltert werden, die gelben Lichtanteile ab 25 m und die grünen ab 50 m Wassertiefe sowieso fehlen, ist es dort spätestens ab 50 m Tiefe „stockfinster". In der Praxis, bedingt durch übermäßig viele Schwebeteilchen, wird in der Ostsee die Grenze des Tageslichtes an einigen Stellen sogar schon bei 30 m Wassertiefe erreicht.

Warum Einsatz von Kunstlicht?

Die Farbverschiebung durch Extinktion des Lichtes ist der Hauptgrund dafür, daß in der Unterwasserfotografie fast ausschließlich mit zusätzlichem Kunstlicht in Form von Elektronenblitzgeräten gearbeitet wird.

Die Farbe Rot ist zwar erst nach 5 m Lichtweg ausgelöscht, farbstichfreie Aufnahmen sind aber trotzdem nur bis zu einem Lichtweg von maximal 3 m realisierbar, da der rote Lichtanteil ja schließlich nicht erst bei 5 m schlagartig aus dem Wasser verschwindet, sondern allmählich herausselektiert wird. Ab dieser Strecke von ca. 3 m tritt bereits eine deutliche Verblauung ein. Beim Fotografieren mit Tageslicht, also ohne Blitzgerät, bedeutet ein Lichtweg von 3 m zum Beispiel 2 m Wassertiefe **plus** 1 m Entfernung vom Motiv zur Kamera. Daran sieht man,

Unterwasserfotografie

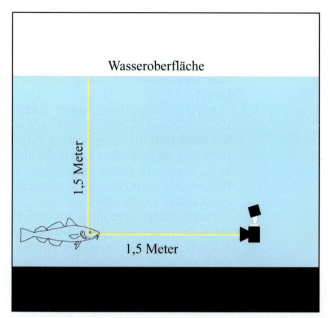

3 m Lichtweg bei Verwendung von natürlichem Licht.

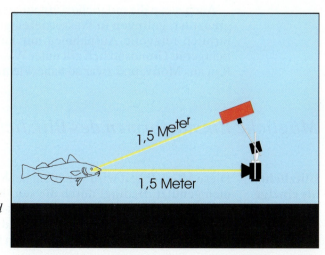

1,5 Meter Aufnahmeabstand entsprechen 3 m Lichtweg.

daß man bei der Farbfotografie unter Wasser sehr schnell an die Grenzen gelangt, die die kostspielige Anschaffung eines Unterwasserblitzgerätes ratsam erscheinen lassen. Selbst der kleinste und preiswerteste Unterwasserblitz ist immer noch besser als gar keiner.

Beim Fotografieren unter Zuhilfenahme eines Blitzgerätes muß man aber trotzdem noch die Farbfilterung durch Extinktion im Auge behalten. Der Lichtweg ist in diesem Fall nicht nur mit der Entfernung von der Kamera zum Motiv, sondern mit der Entfernung vom Blitzgerät zum Motiv **und** zurück zur Kamera gleichzusetzen.

Daher lassen sich auch mit dem stärksten Unterwasserblitz nur Aufnahmeentfernungen bis maximal 1,5 m farbstichfrei meistern. Die für die Ermittlung der Lichtwege genannten Entfernungen sind mit den tatsächlichen und nicht mit den scheinbaren Entfernungen gleichzusetzen, was das Ganze, da die tatsächlichen Entfernungen stets die längeren sind, noch ungünstiger macht. Die oben genannten 1,5 m Aufnahmeabstand entsprechen also einer scheinbaren Entfernung (an der Kamera einzustellen!) von 1,13 m. Auch diese Tatsache macht wieder den Griff der Unterwasserfotografen zum Weitwinkel- und Superweitwinkelobjektiv verständlich.

Auch wenn die mögliche Aufnahmeentfernung begrenzt ist, gelingen in Wassertiefen größer als 2 m farblich reizvolle Aufnahmen nur mit dem Blitzlichtgerät. Grundsätzlich gilt unter Wasser die Regel: Ran ans Motiv, und zwar so nahe wie möglich!

Mögliche Einsatzformen des Blitzlichtes

Blitzlicht als einzige Lichtquelle Diese Möglichkeit wird vor allem bei Makroaufnahmen genutzt. Bedingt durch die sehr kleinen Blenden, die erforderlich sind, um einen ausreichenden Schärfentiefebereich zu erhalten, ist das Tageslicht meistens „ausgeschaltet". Der hierbei übliche niedrigempfindliche Film tut sein Übriges, um den Hintergrund der Makroaufnahmen nachtschwarz erscheinen zu lassen. Ein Tip: Machen Sie aus der Not eine Tugend und stellen Sie ihre Makromotive schön frei gegen das schwarz wirkende Wasser im Hintergrund. Solche Aufnahmen bestechen durch besonders leuchtende Farben, verstärkt durch den schwarzen Hintergrund, und durch hohe Kontraste, da jegliches Streulicht ausgeschaltet wird. Achten Sie dabei besonders auf Motive, die starke grafische Effekte aufweisen, zum Beispiel die Tentakeln einer Seenelke oder einer Seepocke. Denken Sie ferner daran, das sie das Blitzlicht auch aus ungewohnter Richtung einstrahlen lassen können, beispielsweise direkt von oben, als hartes Streiflicht von der Seite oder sogar als leichtes Gegenlicht.

Ihrer Kreativität und Experimentierlust sind hierbei keine Grenzen gesetzt, nur machen Sie sich von dem Gedanken frei, daß jedes Bild ein Treffer sein muß. Ein gewisser Ausschuß ist der Preis für fotografische Wege abseits des Üblichen. Solange Sie aus Ihren Experimenten lernen, sind ein paar unbrauchbare Filme kein herausgeworfenes Geld.

Speziell bei Nachttauchgängen wird man nicht umhin können, mit dem Blitzgerät als einzige Lichtquelle auszukommen. Folglich macht man die Weitwinkelaufnahmen besser tagsüber – nighttime ist dann „makrotime".

Aber auch bei heller Umgebung kann es manchmal ratsam sein, das vorhandene Tageslicht „auszublitzen", ich denke dabei an Fischportraits, die vor dunklem Hintergrund durch noch leuchtendere Farben bestechen. Das Rezept: Wählen Sie die kürzeste Synchronzeit, die Ihre Kamera erlaubt, und die kleinste Blende, die Ihr Blitzgerät in Abhängigkeit von dem geplanten Motivabstand noch verkraftet.

In der Ostsee werden Sie sich nicht besonders anstrengen müssen, den Hintergrund dunkel zu bekommen. Im Gegenteil, wenn Sie nicht entsprechende Gegenmaßnahmen einleiten, passiert das sogar dann, wenn Sie es gar nicht gebrauchen können, z. B. bei Übersichten in der Mischlichttechnik.

Mischlicht Mit Mischlichttechnik ist hier das Abstimmen des Blitzlichtes auf das vorhandene Tageslicht gemeint. Bei Aufnahmen in der Ostsee sollte man aber auch das Kunstlicht der Scheinwerfer unserer Tauchpartner in die Mischlichtbetrachtung einbeziehen. Die Farben der Ostsee sind nicht so reichhaltig wie in tropischen Gewässern, und so bilden manchmal die Lichteffekte einer Taucherlampen eine willkommene Auflockerung des Fotos.

Zunächst mißt man die Helligkeit des Hintergrundes mit einem speziellen, wasserdichten Belichtungsmesser oder auch dem eingebauten Belichtungsmesser der Kamera. Messen Sie dabei ganz einfach die Helligkeit des Wassers hinter ihrem Motiv, und zwar im ungefähr gleichen Winkel zur Wasseroberfläche, wie später mit der Kamera. Wählen Sie anschließend die Kombination aus Blende und Zeit einen bis zwei Lichtwerte kleiner als die vorher ermittelte Blenden-Zeitkombination, die Blitzblende muß natürlich auch auf die Kamerablende eingerichtet werden. Wenn Sie mit TTL-Blitzbelichtungsmessung arbeiten, geschieht das automatisch, bei einem Computerblitz müssen Sie am Blitz die gleiche Blende wie an der Kamera einstellen oder bei manueller Blitzsteuerung die Leistungsstufe des Blitzlichtes dem Aufnahmeabstand und der Kamerablende entsprechend wählen.

Ein Zahlenbeispiel: Sie messen für einen 100 ASA Film eine Blenden-Zeitkombination von Blende 2,8 bei einer Zeit von 1/15 s. Wenn Sie nun eine Spiegelreflexkamera in einem Unterwassergehäuse besitzen, sind Sie fein raus. Sie stellen einfach die Kamera zwei Lichtwerte kleiner, also Blende 5,6 bei einer 1/15 s ein und machen Ihr Foto. Wenn Ihre Kamera keine TTL-Steuerung besitzt, müssen Sie dabei vorher noch den Blitz entsprechend der Kamerablende einstellen.

Verwenden Sie keine SLR im Unterwassergehäuse, sondern eine amphibische Kamera wie die *Nikonos*, sind sie weniger fein heraus, es sei denn, Sie waren so vorausschauend und haben schon vorher einen 200 ASA Film eingelegt. Dann können Sie mit

Unterwasserfotografie

Blende 5,6 und 1/30 s, der längsten einstellbaren Zeit, über die eine *Nikonos* verfügt, denselben Mischlichteffekt erreichen wie mit einer Spiegelreflexkamera. Natürlich kann man auch versuchen, bei Verwendung eines 100 ASA Filmes mit der *Nikonos* die Kombination von Blende 4 und 1/30 s zu verwenden, aber selbst bei einem 15 mm Objektiv stehen einem bei dieser Blende nur noch recht bescheidene Schärfentiefebereiche zur Verfügung, ganz davon abgesehen, daß Ihre erste Messung ja auch Blende 2,0 bei 1/15 s ergeben könnte ... Es ist also besser, in der Ostsee einen etwas schnelleren Film zu verwenden.

Sie werden sich vielleicht fragen, wie man mit derart langen Verschlußzeiten noch verwacklungsfreie Aufnahmen aus der Hand machen kann. Wenn man sich jedoch verdeutlicht, daß der Vordergrund, bei Messung auf das wesentlich hellere Hintergrundwasser und zusätzlicher Reduzierung der Einstellung um einen bis zwei Lichtwerte, ohne Blitzaufhellung um mindestens 3-4 Blendenstufen unterbelichtet würde, ist klar, daß der Vordergrund de facto ausschließlich vom Blitzlicht belichtet wird. Somit ist die Leuchtdauer des Blitzgerätes gleichzusetzen mit der Belichtungszeit für den Vordergrund. Die Leuchtdauer eines Elektronenblitzes liegt aber, je nach Leistungsabgabe, zwischen einer 1/125 s und 1/10.000 s, völlig unabhängig davon, welche Verschlußzeit an Ihrer Kamera eingestellt ist. Derartige Belichtungszeiten sollten eigentlich für Aufnahmen aus der freien Hand reichen. Die Bereiche, in denen der Blitz nicht aufhellt, werden natürlich mit der an der Kamera eingestellten langen Verschlußzeit belichtet. Das ist jedoch nicht weiter tragisch, da es sich hierbei nur noch um das Wasser im Hintergrund handelt, das als monochrome, grüne oder blaue Farbfläche keine Bewegungsunschärfen aufweisen kann. Gehen Sie also bei der Mischlichttechnik ruhig mutiger vor, was lange Belichtungszeiten anbelangt. Meine Erfahrungen haben gezeigt, daß auch Verschlußzeiten von 1/8 s und sogar von 1/4 s aus der freien Hand so angewendet einwandfreie Ergebnisse liefern können.

Unterwasserfotografie

Sichtweiten unter Wasser

Die Sichtweiten schwanken zwischen wenigen Zentimetern in verschmutzten Flüssen und einer maximalen Sicht von ca. 80 m in klarsten Bergseen. In der Ostsee haben wir Sichtweiten zwischen 1,2 m und 25 m erlebt. Die mit dem Auge subjektiv unter Wasser wahrgenommenen Sichtweiten sind maximal zu einem Drittel fotografisch nutzbar. Sichtweiten unter Wasser werden durch helles Tageslicht und einen hohen Sonnenstand positiv beeinflußt. Für brauchbare Übersichtsaufnahmen von Wracks benötigen Sie eine Sichtweite von mindestens 10 m, wobei eine Brennweite von maximal 15 mm, bezogen auf das Kleinbildformat, verwendbar ist. Der Illusion, mit „Übersichtsaufnahmen" ein komplettes Wrack in der Ostsee abzulichten, sollte man sich gar nicht erst hingeben, dies ist bei einer maximalen Sichtweite von 25 m nicht möglich, egal über welche Ausrüstung man verfügt.

Fotografieren in trüben Gewässern

Während man sich in klaren Tropengewässern fast nur Gedanken um eine möglichst bildwirksame Lichtführung machen muß, ist in trüben Gewässern die richtige Lichtführung für den Erfolg oder Mißerfolg ausschlaggebend. Daß störende Schwebeteilchen fotografisch auszuschalten sind, indem man möglichst wenig Wasser zwischen der Kamera und dem Motiv einplant, haben wir schon besprochen. Eine zweite Methode ist, das Licht möglichst schräg einfallen zu lassen, das heißt, einen möglichst großen Winkel zwischen den optischen Achsen des Blitzgerätes und des Objektivs zu bilden. So können die Schwebeteilchen das Blitzlicht nicht im vollen Ausmaß zur Kamera hin reflektieren. In der Praxis hat sich dabei ein Winkel von ca. 60° bewährt. Weiterhin ist es vorteilhaft, den Blitz etwas vor der Kamera anzuordnen, so daß Sie den Winkel vergrößern, ohne dabei den Lichtweg allzusehr zu verlängern. Zum Fotografieren in der Ostsee is es daher oft sinnvoll, den Blitz etwa 60 cm über und dabei 40 cm vor der Kamera anzubringen. Dazu benötigt man allerdings einen verlängerten Blitzarm. Diese Methode hat jedoch auch ihre Grenzen, bei einem Fisheye-Objektiv mit 180°

Unterwasserfotografie

Bildwinkel, kann es leicht passieren, daß Sie so ihren eigenen Blitz mitfotografieren.

Eine relativ kleine Blende steigert auch den Kontrast und die Schärfe eines Fotos in sehr trübem Wasser, der schwarze Hintergrund wirkt dabei ebenfalls etwas klarer als ein mit Schwebeteilchen durchsetzter heller Hintergrund. Leider sehen die so entstandenen Aufnahmen eher wie Nachtaufnahmen aus, von Mischlichttechnik kann dann keine Rede mehr sein. Will man zu „schwebeteilarmen" Fotos gelangen, bleibt in der Ostsee oft nur die Möglichkeit, auf eine günstigere Wetterlage zu warten und die durch zu schlechte Bedingungen verdorbene Bilderserie zu wiederholen.

Das Fisheye Das Verlangen nach klareren Unterwasserfotos auch in Gewässern wie der Ostsee führt zwangsläufig zu immer kürzeren Aufnahmeabständen und dadurch bedingt, zu kürzeren Brennweiten. Die konsequenteste Methode, bei großen Objekten kurze Aufnahmeabstände zu erhalten, ist die Verwendung eines Fisheye-Objektivs hinter einer meist halbkugelförmigen Domescheibe. Bei größeren Wracks ist das Fisheye sogar die einzige Möglichkeit, brauchbare Aufnahmen zu erhalten. Die an Land so markante, sphärische Perspektive eines Fisheye-Objektivs fällt unter Wasser fast nicht auf. Lediglich Motive wie die geradlinigen Decksplanken eines Stabdecks verursachen manchmal Probleme in Form einer deutlich sichtbaren tonnenförmigen Verzeichnung. 180° Bildwinkel sprechen eine deutliche Sprache; mit einem Fisheye ist es beispielsweise möglich, einen kompletten Taucher aus ca. 30 cm Entfernung zu fotografieren. Bei derselben Entfernung zum Motiv bildet ein Fisheye beinahe ein vierfaches Objektfeld im Vergleich zum 15 mm Objektiv der *Nikonos* ab!

Ein gewichtiges Problem bekommen Sie in der Unterwasserfotografie zu Ihrem Fisheye-Objektiv allerdings gleich mitgeliefert – das Problem der Blitzausleuchtung. Mit einem einzelnen Blitz, egal von welchem Hersteller, braucht man eigentlich gar nicht erst anzutreten. Zwei Unterwasserblitze mit möglichst großem Leuchtwinkel sind ein absolutes Muß. Womit Ihr Problem dann tatsächlich sehr „gewichtig" wird. Sie werden es in den Armen, in Ihrem Reisegepäck und leider auch in Ihrem Geldbeutel nur zu deutlich spüren.

Bewährt hat sich hierbei vor allem die Methode, die beiden Blitzgeräte in ca. 60 cm Entfernung seitlich, bzw. über der Kamera zu montieren. Jeder Blitz ist dann nur für seine Bildhälfte „zuständig". Der große Abstand der Blitzgeräte zur Kamera kostet zwar Blitzleistung, die Ostsee mit ihrem geringen Umgebungslicht kommt Ihren Bemühungen diesbezüglich jedoch sehr entgegen. Bei der in diesem Gewässer fast obligatorischen Blende 5,6 bei einem 200er Film brauchen Sie sich um die Leistungsfähigkeit Ihrer Blitzgeräte eigentlich kaum Gedanken zu machen. Schwieriger ist das in den Tropen, da werden Sie Ihre Blitzarme erheblich kürzen müssen und sich dabei sehr leicht Abschattungen in den Bildecken einhandeln.

Die Vorteile des Fisheyes überwiegen in der Unterwasserfotografie die Nachteile dieser Konstruktion jedoch bei weitem. Die eindrucksvollsten Übersichtsaufnahmen der Wracks in diesem Buch wurden mit der eben beschriebenen Technik aufgenommen.

Geeignete Fotoausrüstung für Wrackaufnahmen in der Ostsee

Kameras Für Wrackaufnahmen muß die Kamera die Verwendung kürzester Objektivbrennweiten zulassen. Ebenso muß es möglich sein, Makroobjektive oder Nahvorsätze zu verwenden, denn der Hartbodenbewuchs der Wracks bietet hervorragende Makromotive.

Die Kamera muß in der Lage sein, einen Unterwasserblitz auch bei langen Verschlußzeiten zu synchronisieren. Eine Verschlußzeit von 1/30 s ist bei Wrackaufnahmen in der Ostsee schon als Mindestvoraussetzung zu bezeichnen, wenn man vermeiden

Unterwasserfotografie

will, daß alle Aufnahmen aussehen, als wäre man „nachts mit der Laterne in den Wald gegangen", weil der Hintergrund nicht mehr grün ist, sondern in einem finsteren Schwarz versinkt! Ideal ist es deshalb, wenn an der Kamera Verschlußzeiten bis zu 1/4 s eingestellt und synchronisiert werden können. Um zum Beispiel in den Tropen auch bei sehr hellem Licht den Hintergrund gewollt schwarz werden zu lassen (Fischportraits!) sollten auch sehr kurze Verschlußzeiten, am besten bis 1/250 s, synchronisierbar sein.

Die Qual der Wahl Vorweg sei gesagt, daß es die optimale Unterwasserkamera derzeit nicht gibt. Doch es kann sein, daß die erste AF-Unterwasser Spiegelreflexkamera der Welt, die *Nikonos RS*, diese Behauptung ein wenig ins Wanken bringt. Ein Blick in das Datenblatt dieser Kamera läßt erkennen, daß sie den größten Teil der langewährenden Sehnsüchte aller engagierten Unterwasserfotografen erfüllen könnte, wenn der Hersteller dieses System nur richtig ausbauen würde. Ein Wermutstropfen ist auch der hohe Preis, der bei Verwendung einer *Nikonos RS* mit dem 1:2,8 35-20 mm Zoomobjektiv und dem dazu passenden Blitzgerät *Nikonos Speedlight SB-104* auf dem Niveau eines gut erhaltenen Gebrauchtwagen der Mittelklasse liegt. Mittlerweile ist für dieses Kamerasystem auch ein optisch perfektes Fisheye-Objektiv lieferbar. Durch dieses Objektiv wird das System zum idealen Werkzeug des Wrackfotografen. Zu bemerken ist jedoch auch, daß die nachfolgend beschriebenen Systeme immer noch aktuell sind und dies voraussichtlich auch noch eine ganze Weile bleiben werden.

Als Unterwasserfotograf hatte man bisher nur die Wahl zwischen zwei sinnvollen, aber grundsätzlich unterschiedlichen Wegen, zu einer funktionstüchtigen Unterwasserkamera zu gelangen. Der eine Weg führt zu einer amphibischen Kamera, wie z. B. der *Nikonos*, einer reinen Sucherkamera, der andere zu einer Spiegelreflexkamera im Unterwassergehäuse. Diese Alternativen unterscheiden sich in ihren Vor- und Nachteilen so gravierend, daß wir beide Möglichkeiten vorstellen wollen.

Unterwasserfotografie

Amphibische Kleinbildkamera am Beispiel der *Nikonos*

Für den Aufnahmebereich „Mischlichtaufnahmen in dunkleren Gewässern" ist die *Nikonos* mit ihrer Fähigkeit, wenigstens 1/30 s einstellen zu können, von allen amphibischen Kleinbildkameras die geeignetste. Gemeint sind hiermit die *Nikonos III* und die *Nikonos V*, die *Nikonos IV A* synchronisiert nur mit der 1/90 s als fest einstellbare Zeit und die *Nikonos II* sollte aufgrund ihres mittlerweile vorhandenen Sammlerwertes besser zu Hause in einer Vitrine stehen.

Das zur Zeit aktuelle Modell von Nikon für die UW-Fotografie ist die *Nikonos V*. Hiermit sowie einer *Nikonos III* sind einige der Übersichtsaufnahmen von den Wracks in diesem Buch entstanden. Für diese Kameras werden zur Zeit die meisten Unterwasserobjektive angeboten. Die Stärke dieses Systems liegt vor allem in der Weitwinkelfotografie. Beide für die *Nikonos* angebotenen 15 mm Unterwasserobjektive, das 2,8/15 mm *UW-Nikkor*, sowie das Fremdobjektiv 3,5/15 mm der Fa. Sea & Sea, sind für Wrackaufnahmen in der Ostsee geeignet.

Nach so viel Lob darf man allerdings auch nicht die Schattenseiten dieses Systems vergessen, sonst könnte man annehmen, die Kameras im Unterwassergehäuse seien überflüssig.

Die heutigen amphibischen Kameras sind bis auf eine Ausnahme Sucherkameras, mit allen ihren systembedingten Nachteilen. Um wirkungsvolle Fotos gestalten zu können, benötigt man einen optischen Aufstecksucher, wie er auf der Abbildung der *Nikonos V* zu sehen ist. Die Bedeutung eines solchen Suchers wird von den meisten Fotografen unterschätzt. Gemeinhin gilt, daß die Eignung des Kamerasuchers in etwa so wichtig ist, wie die der restlichen Kamera. Diese Behauptung trifft auch für Gehäusekameras zu. Mit einem dunklen Minisucher, bei dem man womöglich auch noch die Bildecken nicht sieht, läßt sich nicht gut arbeiten.

Bei der Auswahl eines solchen Suchers für die *Nikonos* ist unbedingt darauf zu achten, daß dieser möglichst groß dimensioniert und für den Parallaxenausgleich schwenkbar ist. Aber auch der beste Aufstecksucher kann den Sucher, wie ihn eine Spie-

Unterwasserfotografie

Die Nikonos V mit dem 3,5/15 mm Objektiv der Fa. Sea & Sea, sowie einem für den Parallaxenausgleich schwenkbaren Ikelite Aufstecksucher.

gelreflexkamera bietet, nicht ersetzen. Durch den großen Abstand der optischen Achsen des Objektives und des Aufstecksuchers erhält man auf dem Foto eine teilweise gravierend andere Perspektive als vorher in der Sucheroptik gesehen. Motive mit komplizierter perspektivischer Staffelung, mit jeder Spiegelreflexkamera problemlos zu bewältigen, gestalten sich mit einer amphibischen Kamera und Aufstecksucher äußerst kompliziert.

Unterwasserfotografie

Auch ein Sucher mit Parallaxenausgleich ist keine Lösung für dieses Problem, wie in der Skizze verdeutlicht: Die Aufgabenstellung lautet, den Fisch Nr. 1 mit dem Poller des Wracks im Hintergrund zu fotografieren. Im Sucher sieht die Situation zunächst ganz passabel aus. Der Fisch Nr. 1 befindet sich hinreichend genau im Schärfebereich, seine Position stimmt auch, er steht zudem günstig über dem Poller im Bild. Wenn Sie jedoch den gelb unterlegten Bildwinkel der Kamera betrachten, sieht die Situation völlig anders aus. Die Position von Fisch 1 stimmt auch hier genau, schließlich war der Sucher auf diese Entfernungseinstellung geneigt, allerdings sieht ihn die Kamera etwas mehr von unten. Ganz anders sieht es mit dem weiter entfernten Poller aus, für ihn stimmt der Parallaxenausgleich des Aufstecksuchers nicht mehr. Der gelb unterlegte Bildwinkel des Kameraobjektivs streift ihn nur noch knapp, dafür haben Sie jedoch die Schwanzflosse von Fisch Nr. 2,

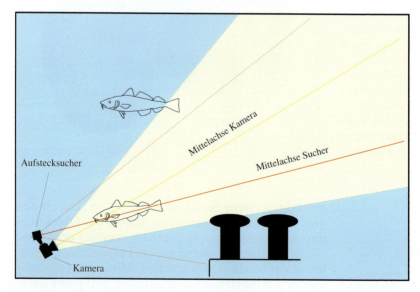

Bei Einstellung des Aufstecksuchers auf den Vordergrund rückt der Hintergrund immer in Richtung zum Kameraboden. Dies ist von vornherein mit einzuplanen, will man herbe Enttäuschungen vermeiden!

die Sie vorher im Sucher nicht sehen konnten, störend im Bild. Wenn Sie den Sucher nicht neigen, kommen Sie vom Regen in die Traufe. Der Hintergrund stimmt dann, dafür liegt der Vordergrund unkalkulierbar im Bild.

Makroaufnahmen mit amphibischen Kameras, ausgenommen der *Nikonos RS*, erfordern manchmal einige Geschicklichkeit!

Nikon bietet für die *Nikonos* einen qualitativ hochwertigen Nahaufnahmevorsatz an, weiterhin werden auch wasserdichte Zwischenringe von Fremdfirmen angeboten. Mit dem Nikon Nahaufnahme Vorsatz kann man auch bei schwierigen Bedingungen (Strömung, starke Dünung) sehr schnell und unkompliziert fotografieren, die optische Qualität stimmt ebenfalls. Bei vielen Motiven erweist sich jedoch der bei einer Sucherkamera notwendige Distanzrahmen als sehr hinderlich. Fotos von bewegten Motiven sind auf diese Weise fast unmöglich beziehungsweise Glücksache. (Nach dem Motto: Draufdrücken, wenn gerade ein Fisch durch den Rahmen schwimmt.) Trotzdem ist die Nahaufnahmetechnik der *Nikonos* oder einer vergleichbaren Unterwasserkamera für die Ostsee brauchbar. Seenelken oder andere festsitzende Motive schwimmen nicht weg, und wenn Sie sie nicht gar zu sehr mit dem Abstandhalter malträtieren, ziehen sie sich auch nicht gleich ängstlich zusammen. Allerdings kann eine der ostseetypischen Strandkrabben schon für Schwierigkeiten sorgen; entweder wird sie vor dem Distanzrahmen die Flucht ergreifen oder – Angriff ist die beste Verteidigung – ihn kräftig mit den Scheren traktieren.

Als weiterer Nachteil aller amphibischen Kameras muß der relativ hohe Wartungsaufwand angesehen werden. Wenigstens einmal im Jahr muß eine solche Kamera vom Fachmann gewartet werden. Dasselbe gilt auch für die dem Anwender unzugänglichen Dichtungen der Wechselobjektive.

Unterwasserfotografie

Eine Nikonos III mit dem 1:1 Zwischenring von Sea & Sea.

Eine Nikonos V mit dem original Nikon Nahaufnahme Vorsatz.

Unterwasserfotografie

Spiegelreflex-kamera im Gehäuse

Ihre Stärke ist die perfekt gestaltete Aufnahme. Man braucht keine Entfernungen mehr zu schätzen. Die Schärfe bei einem Fischportrait genau dahin zu legen, wo sie hingehört, nämlich auf die Augen, wird mit einer solchen Ausrüstung fast zum Kinderspiel. Moderne Spiegelreflexkameras mit passivem Autofokus leisten unter Wasser fast Unglaubliches. Der Autofokus der *Nikon F801* und *F801s* hat auch in Situationen, in denen im Sucher schon längst nicht mehr zwischen scharf und unscharf unterschieden werden konnte, mit schlafwandlerischer Sicherheit scharfgestellt.

Die Domäne einer SLR im Gehäuse liegt weiterhin in der Makrofotografie, wo bei ihr keine Distanzrähmchen mehr im Wege sind und auch der Abbildungsmaßstab variabel bleibt. Die erreichbare Bildqualität ist wegen der dabei verwendeten langen Brennweiten mit jener der amphibischen Kameras vergleichbar.

Die Wartungsfreundlichkeit und auch die Zuverlässigkeit eines Unterwassergehäuses ist wesentlich größer als die einer amphibischen Kamera. Mit etwas handwerklichem Geschick kann man die gesamte Wartung eines Kameragehäuses selbst vornehmen.

Vor dem Kauf eines Gehäuses muß man sich auf dem Markt umsehen, um in Erfahrung zu bringen, wer überhaupt eines für die in Frage kommende Kamera baut. Dann kommt die Überlegung, welche Funktionsübertragungen zur Kamera man sich leisten muß, will bzw. kann. Der Einstiegspreis bei einer SLR im Gehäuse liegt wesentlich über dem, was man bei einer amphibischen Kamera anlegen muß, um eine funktionstüchtige Einheit zu erhalten.

Die Weitwinkelfotografie mit einem Unterwassergehäuse birgt auch noch einige andere, für den Einsteiger nicht vorhersehbare Probleme. So ist beispielsweise bei der Verwendung von Weitwinkeln mit einer Brennweite von weniger als 35 mm eine sogenannte Domescheibe als Frontscheibe des Gehäuses erforderlich, will man extreme Randunschärfen vermeiden. Diese Domescheibe muß perfekt auf das verwendete Objektiv abgestimmt werden, was in der Praxis jedoch immer noch ein Problem darstellt.

Unterwasserfotografie

Das jetmarin Gehäuse von Hugyfot für die Nikon F801 bzw. F801s, in diesem Fall ausgerüstet mit dem Makroport für das 1:2,8 / 60 mm Micro-Nikkor oder das 1:2,8 / 90 mm Makroobjektiv von Sigma.

Prinzipiell kann gesagt werden, daß auch mit einer gut angepaßten Domescheibe die erreichbare Bildqualität nicht an die Leistung der perfekten Unterwasseroptiken des *Nikonos* Systems heranreicht. Dies gilt besonders im Brennweitenbereich zwischen 28 und 20 mm. Kürzere Brennweiten verzeihen, bedingt durch ihre große Schärfentiefe, schon eher einen kleinen Anpassungsfehler des Domeports. Für vollformatige Fisheye-Objektive jedoch ist die Variante des Unterwassergehäuses geradezu ideal. Fragen Sie vor dem Kauf, ob ein Fisheye-Domeport für das betreffende Gehäuse angeboten wird. Für den Ostseefotografen mit der Zielsetzung, Wracks zu fotografieren, wäre eine positive Beantwortung dieser Frage kaufentscheidend.

Unterwasserfotografie

Welche Kamera einbauen? Die geeignete Kamera muß nicht unbedingt die Kamera sein, die man schon besitzt. Es kann im Zweifelsfall sogar sinnvoller sein, sich für das Gehäuse eine geeignetere Kamera zu beschaffen. Das ergibt einen Sinn, wenn man bedenkt, daß ein sehr gutes Gehäuse etwa bis zu dem dreifachen Kamerapreis kosten kann. Auch würde man beispielsweise für ein Kameramodell, von dem man annehmen muß, daß es in nächster Zeit nicht mehr erhältlich sein wird, kein kostspieliges Unterwassergehäuse mehr bestellen.

Sealux CF 8 Unterwassergehäuse für die Nikon F 801, angepaßt an das 1:2,8 / 16 mm Fisheye-Objektiv von Nikon.

Alternativ: Hugyfot jetmarin Gehäuse für die Nikon F801, angepaßt an das 1:3,5 / 14 mm Weitwinkelobjektiv von Sigma.

Anforderungen an die Kamera

Die Kamera sollte über einen motorischen Filmtransport verfügen. Die für den manuellen Transport erforderliche Wellendurchführung würde das Gehäuse in etwa um den Preis eines Winders erhöhen, und das bei erheblich weniger Komfort.

Der Kamerahersteller muß geeignete Objektive (Makroobjektive und Weitwinkel sowie ein vollformatiges Fisheye mit kurzer Naheinstellgrenze) anbieten, oder sie müssen bei einem Fremdhersteller erhältlich sein. Doch Vorsicht! Fragen Sie bei der Verwendung von Fremdobjektiven beim Gehäusebauer nach, ob er Ihnen diese auch einbauen wird! Besonders bei Weitwinkelobjektiven unter 35 mm Brennweite (bezogen auf das Kleinbildformat), die unbedingt hinter einer sphärisch gewölbten Frontscheibe (Domeglas), eingebaut in einen sogenannten Domeport, verwendet werden müssen, könnte es Probleme mit der Anpassung des Domeports auf das Fremdobjektiv geben.

Die Kamera sollte entweder über einen großen Sportsucher verfügen (zur Zeit nur bei Kameras mit Wechselsucher möglich), oder das Gehäuse muß eine spezielle Sucheroptik haben, die es ermöglicht, daß auch mit einer Tauchermaske wirklich das gesamte Sucherbild eingesehen werden kann.

Da, wie eingangs besprochen, die Spiegelreflexkamera im Gehäuse ihre absolute Domäne in der Makrofotografie hat, ist eine TTL-Blitzbelichtungssteuerung, die dann allerdings auch zu einem geeigneten Unterwasserblitz passen muß, ein ausgesprochen wichtiges Feature einer „gehäusetauglichen" Kamera.

Die Stromversorgung von Kamera und Motorantrieb sollte über Mignonzellen und nicht über die in letzter Zeit so in Mode gekommenen Lithiumblöcke laufen. Da die Unterwasserkamera in der Regel morgens ein- und abends erst wieder ausgeschaltet wird, geht der hohe Stromverbrauch bei Verwendung von Lithiumblöcken sehr schnell ins Geld.

Alle wichtigen Informationen, wie die eingestellte Verschlußzeit und Blende, sollten im Kamerasucher

Unterwasserfotografie

Hugyfot jetmarin Gehäuse mit eingebauter Nikon F801.

angezeigt werden. Diese Anzeige muß entweder selbstleuchtend oder aber beleuchtet sein.

Um bei Mischlichtaufnahmen ohne separaten Belichtungsmesser auszukommen, ist es notwendig, daß die Meßwertanzeige der theoretischen Blenden-Zeitkombination für das vorhandene Tageslicht auch bei eingeschaltetem Blitz erhalten bleibt und im Sucher angezeigt wird.

Unterwassergehäuse Aluminiumgehäuse sind zwar teurer, aber auf die Dauer auch haltbarer als Kunststoffgehäuse.

Wenn die Kamera nicht über einen der großen, meist auswechselbaren Sportsucher verfügt, ist es ratsam, eine nachgeschaltete Sucheroptik, die den Eyepoint, die maximal mögliche Entfernung des Auges zum Kamerasucher, verlängert, einbauen zu lassen. Dieses Verfahren ist immerhin schon fast so gut wie ein echter Sportsucher.

Sinnvoll ist es, als Einbaubuchse für den Blitzanschluß am Gehäuse den *Nikonos*-Stecker zu wählen, da man, wenn das eigene Blitzgerät defekt wird, noch am ehesten die Chance hat, ein passendes Ersatzgerät auszuleihen. Weiterhin ist dieser Stecker derzeit der geeignetste für die Übertragung der Blitzsteuerungsinformationen für den TTL-Betrieb.

Die heute am weitesten verbreitete Kupplung zur Befestigung des Blitzarmes an einer Kamera ist das „internationale T-Stück". Aus den gleichen Gründen wie bei der Wahl der Einbaubuchse ist es ratsam, ein oder zwei internationale T-Stücke an Ihrem neuen Gehäuse anbringen zu lassen.

Wichtig sind außerdem zwei an der Gehäuseunterseite eingelassene Gewindebuchsen, an denen zum Beispiel eine Blitzschiene oder anderes Sonderzubehör verdrehsicher angeschraubt werden können.

Übertragungen der Kamerafunktionen

Sämtliche wichtigen Kamerafunktionen müssen sich auch unter Wasser einstellen lassen. Hierzu zählen: Die Einstellung von Zeit und Blende, eine Plus-Minuskorrektur, Entfernungseinstellung und Hauptschalter. Bei AF-Kameras kann die Übertragung der Entfernungseinstellung entfallen, ist jedoch bei dem Einsatz von Weitwinkeloptiken weiterhin sinnvoll, vor allem, wenn es schnell gehen soll. Überhaupt nicht mehr scharfzustellen (weil man es vorher schon auf „Vorrat" gemacht hat) ist immer noch schneller als der schnellste Autofokus!

Fazit

Ob Sie sich nun eine amphibische Kamera oder eine Spiegelreflexkamera im Unterwassergehäuse beschaffen sollten, kann letzendlich nur von Ihren Ansprüchen und Absichten bestimmt werden. Für den engagierten Fotografen wird sich über kurz oder lang sowieso nicht mehr die Frage nach dem einen oder anderen System stellen, er wird irgendwann beide Systeme verwenden wollen. Wobei die Aufgabenteilung, eine *Nikonos* für den schnellen Schuß, die Actionfotografie unter Wasser, und die Gehäusekamera für die gestaltete Aufnahme und die Makrofotografie, bestimmt nicht die schlechteste Idee ist.

Blitzgerät

Aus eingangs genannten Gründen ist die Verwendung eines Blitzgerätes bei der Unterwasserfotografie unumgäglich. Hier hat man es viel einfacher mit der Entscheidungsfindung als bei der Kamera – die Auswahl ist wesentlich kleiner!

Unterwasserfotografie

Für den Einsatz in der Ostsee kommen nur Blitzgeräte mit eingebauter Pilotlampe, einem Einstelllicht, das genau in der optischen Achse des Blitzgerätes sitzt, in Frage. Mit dieser kleinen Lampe kann man den Blitz perfekt ausrichten, außerdem dient sie als Einstellhilfe für den Autofokus bei Makroaufnahmen. Die Pilotlampe kann bei Nachttauchgängen einen extra Scheinwerfer ersetzen, lediglich eine kleine Notlampe sollte man trotzdem noch dabei haben.

Der SF 2000 Professional, amphibischer Blitz der Fa. Subtronic mit 5 Leistungsstufen, Pilotlicht, externem Sensor und TTL-Blitzbelichtungsmessung.

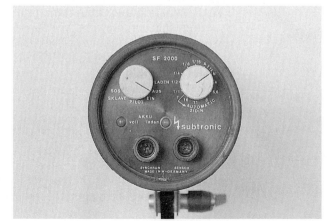

Schalttafel des Subtronic SF 2000 Professional.

Externer Sensor in einer dreh- und schwenkbaren Halterung, bestehend aus einem Hugyfot Kugelgelenk und einer vom Autor konstruierten Sensorhalterung.

Blitzgeräte für professionelle Ansprüche haben weiterhin mindestens 5 manuelle Leistungsstufen, TTL-Blitzbelichtungsmessung und eventuell auch noch einen externen Sensor für Computersteuerung anzubieten. Bei der geplanten Verwendung einer TTL-Blitzbelichtungssteuerung für unterschiedliche Systeme ist es angebracht, vor dem Kauf zu klären, inwieweit der Hersteller des Blitzgerätes mit der immer komplizierter werdenden TTL-Elektronik Ihrer Kamera zurechtkommt.

Eine Computersteuerung der herkömmlichen Art, mit externem Sensor, ist dann sinnvoll, wenn, besonders beim Einsatz von extremen Weitwinkelobjektiven, nur ein bestimmter Teil des Motives selektiv gemessen werden soll. Wichtig ist dann allerdings auch, daß der externe Sensor auf einer schwenkbaren Halterung montiert und ebenso genau auf den richtigen Teil des Motives ausgerichtet wird!

Unterwasserfotografie

Wenn das Blitzgerät, das man vielleicht schon besitzt, nicht über eine eingebaute Pilotlampe verfügt, kann man auch eine kleine Unterwasserlampe verwenden, die man neben dem Blitzreflektor anbringt.

Blitzarm Zu einem guten UW-Blitzgerät gehört auch ein stabiler Blitzarm, der möglichst alle in Frage kommenden Beleuchtungsvarianten ermöglicht. Auf dem Markt befinden sich zur Zeit der Drucklegung dieses Buches in der Hauptsache drei Grundbauformen: Blitzarme mit Kreuzgelenk, Blitzarme mit flexiblem Innenleben (Schwanenhälse) und Kugelgelenkarme. Für die Weitwinkelfotografie in der Ostsee eignen sich die Blitzarme mit einem Kreuzgelenk besonders gut, da sie die längsten Bauformen von Blitzarmen ermöglichen. Dies ist besonders wichtig für die Fotografie in nicht ganz klarem Wasser.

Für die Makrofotografie dagegen bieten sich besonders die etwas kürzer gehaltenen Kugelgelenkarme an, da bei ihnen, wenn es mal etwas enger zugeht, nicht so viel störendes Gestänge im Weg ist. Die flexiblen Schwanenhälse sind auch gut für die Makrofotografie geeignet, haben jedoch Probleme mit schwereren Blitzgeräten, indem sie dazu neigen, sich ungewollt zu verstellen.

Fotografieren ohne Blitzarm Bei dem „entfesselten Blitzen" wird der Blitz ohne Verwendung eines Blitzarmes in der freien (linken) Hand gehalten und mit Hilfe der Pilotlampe auf das Motiv ausgerichtet. Mit dieser Technik läßt sich auch das sogenannte „point shooting", die partielle Ausleuchtung eines Motives, am leichtesten realisieren. Diese Arbeitsweise bedingt ein relativ leichtes und vor allem neutral austariertes Blitzgerät, das einem nicht gleich auf das Wrack poltert, wenn man es einmal loslassen muß, weil man vielleicht die Hand für sich selbst oder für die Kamera braucht. Das Arbeiten mit dem entfesselten Blitz bringt die größte Flexibilität mit sich, was die Variation der Beleuchtung angeht, sollte jedoch vorher unter einfacheren Bedingungen als beim Wracktauchen in der Ostsee geübt werden. Das Handling zweier getrennter Einheiten ist, wenn man an die in der Ostsee obligatorischen dicken Handschuhe und die in der Handhabung etwas umständlicheren Trockentauchanzüge denkt, zumindest am Anfang gar nicht so einfach.

Filmmaterial Für die Unterwasserfotografie hat sich die Verwendung von Diafilmen bewährt und allgemein durchgesetzt. Diafilme sind brillanter und kontrastreicher als Farbnegativfilme. In klarem und hellem Wasser (Mittelmeer oder Tropen) verwendet man Filme mit einer Empfindlichkeit zwischen 64 und 100 ASA. Bei Situationen mit relativ wenig Umgebungslicht, wie in der Ostsee, muß man für Mischlichtaufnahmen auch Filme mit einer Empfindlichkeit von 200 ASA einsetzen. Filmempfindlichkeiten von 400 ASA und mehr haben sich in der Unterwasserfotografie nicht sonderlich bewährt, die Farbsättigung ist zu gering, außerdem lassen die Körnigkeit und der Kontrastreichtum bei hochempfindlichem Material immer noch zu wünschen übrig. Der nachteilige Einfluß von Schwebeteilchen im Wasser wird bei Verwendung sehr hoher Filmempfindlichkeiten (ab 400 ASA) noch verstärkt. Bei der Unterwassermakrofotografie haben sich Filmempfindlichkeiten zwischen 25 und 64 ASA bewährt.

Als gängiges Filmformat hat sich das Kleinbildformat (24 x 36 mm) etabliert. Für die Aufnahmen in diesem Buch wurden unter Wasser der *Kodachrome 200* für die Übersichten und der Fuji *Velvia* (50 ASA) für die Makroaufnahmen verwendet.

Der *Kodachrome 200* hat eine gute Feinkörnigkeit und Schärfe, darüber hinaus läßt seine Kodachrometypische „Härte" das Wasser subjektiv etwas klarer wirken, weil auch weiter entfernte, nicht vom Blitz erhellte Motivteile trotzdem noch etwas strukturiert erscheinen. Der Fuji *Velvia* wurde für die Makroaufnahmen gewählt, weil er neben einem extrem hohen Auflösungsvermögen eine ebenfalls sehr hohe Farbsättigung hat und damit für die kalten Meere, die nicht den Überschwang an Farben aufweisen wie die tropische Unterwasserwelt, die besten Voraussetzungen bietet.

Unterwasserfotografie

Tips für die Praxis – über Wasser

Strom-versorgung

Sichern Sie ihre Stromversorgung! Um die Akkus Ihrer Kameras und Blitzgeräte ständig in Bereitschaft halten zu können, beschaffen Sie sich am besten die gängigsten Adapterstücke für die 12 V Versorgung an Bord von Yachten und Kuttern. Zu diesem Steckersortiment gehören Stecker wie der abgebildete, Stecker für PKW-Zigarettenanzünder, sowie, für den Fall, daß überhaupt nichts paßt, ein Satz Krokodilklemmen. Fragen Sie vor der Ausfahrt zu den Wracks unbedingt beim Skipper an, welches Steckersystem er an Bord verwendet.

Denken Sie daran, sich 12 V taugliche Ladegeräte für Ihre Fotoausrüstung zu beschaffen, dazu zählt auch ein 12 V Autoladekabel für den Unterwasserblitz.

Ersatzteile und Werkzeug

In den Fotokoffer eines Unterwasserfotografen gehören ein paar wichtige Kleinigkeiten, die so manchen Fototrip retten können. Dazu zählen: Diverse Feinmechanikerschraubendreher, Gewebeklebeband, eine Dose *Kontakt 60* zum Reinigen von Kontakten, wenn sie mit Salzwasser in Berührung gekommen sind, eine Luftdüse für den Inflatorschlauch, um Bauteile trockenblasen zu können, eine Packung

Stecker, wie sie auf vielen Sportbooten üblich sind.

Zweikomponentenkleber, falls doch einmal etwas zu Bruch geht, und Ersatz O-Ringe und das passende O-Ringfett für alle zum Einsatz kommenden Gerätschaften.

Geräte an Bord

An Bord ist es sinnvoll, alle wertvollen Geräte möglichst auf dem Boden zu plazieren – was schon unten liegt, kann nicht mehr herunterfallen! Zu transportierende oder zur Zeit nicht benötigte Fotogeräte bewahrt man am besten in großen Aluminiumboxen auf (z. B. wasserdichte *Zarges*-Boxen, normale Fotokoffer sind in der Regel zu klein), die innen mit Iso-Matte aus dem Campingbedarf ausgekleidet werden.

Halten Sie die Vibrationen der Schiffsmaschinen von den Fotogeräten fern, legen Sie dazu wenigstens ein gefaltetes Handtuch unter die abgelegte Kamera und den Blitz. Gewöhnen Sie sich an, nasses Equipment von trockenem fernzuhalten, das gilt besonders für nasse UW-Gehäuse und trockene Spiegelreflexkameras und deren Zubehör. Verwenden Sie zur Vermeidung solcher „verhängnisvollen Begegnungen" am besten getrennte Behälter.

Die Fotoausrüstung ins Wasser bringen

Alle Kamera-, Gehäuse- und Blitzhersteller raten dringend davon ab, einfach mit der Kamera in der Hand ins Wasser zu springen, und das aus gutem Grund! Bei der *Nikonos* kann dabei das Objektiv aus dem Bajonett gedrückt werden, ein Wassereinbruch wäre die Folge. Bei Gehäusekameras kann einem immer noch der Blitz auf das Unterwassergehäuse fallen, was weder der Blitz noch das Gehäuse mit seinen vorstehenden Bedienungselementen und den dazugehörenden Wellendurchführungen besonders schätzen. Es ist daher immer ratsam, zuerst selbst ins Wasser zu springen und sich die Kamera nachreichen zu lassen. Am besten hat sich jedoch die Methode bewährt, die Kamera an einem Seil über Bord zu hängen und dann unter Wasser abzunehmen.

Der Tampen sollte dabei so bemessen sein, daß die Kamera etwa 2 m unter dem Kiel des Bootes zum Hängen kommt, eine zu lange Leine ist hier besser als eine zu kurz geratene. Diese Vorgehensweise er-

Unterwasserfotografie

fordert aber unbedingt eine Absprache mit dem Skipper, will man sicher vermeiden, daß das Boot eventuell, in Unkenntnis der außenbords hängenden Kamera, noch eine Runde dreht, um noch besser vor Anker zu liegen. Ein Tampen zum Außenbordshängen der Kamera darf niemals durch Knoten unterbrochen werden! Zur Befestigung der **großen** (wegen der dicken Handschuhe) und **verschraubbaren** Karabinerhaken an beiden Enden des Tampens verwendet man jeweils einen Achterknoten, über den Kunststoffkugeln gestülpt werden. Durch eine durchgehende Leine und eine solche Befestigung ist sichergestellt, daß sich keine Knoten durch Wellenschlag lösen können und die Kamera ihren längsten und letzten Tauchgang allein antritt.

Besonders kameraschonend ist es, wenn Sie den Tampen mit einem eingeknoteten Gummiseil gegen Wellenschlag dämpfen. Aber Vorsicht! Auch hierfür darf die Leine nicht unterbrochen werden, das heißt, wenn sich alle Knoten öffnen, die mit der Gummileine zu tun haben, muß noch ein durchgehender Sicherungstampen vorhanden sein! Ganz Vorsichtige können auch die Pilotlampe oder die SOS-Schaltung des Blitzgerätes beim Wassern der Kamera einschalten. Geht die Kamera unfreiwillig auf Grund, findet man sie mit eingeschalteter Lampe leichter wieder.

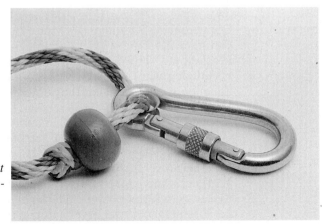

So befestigt wird sich der Karabinerhaken nicht unbeabsichtigt von dem Sicherungstampen lösen!

Wichtiger Sicherheitshinweis! Wenn man Geräte irgendeiner Art an einer Leine über Bord hängt, um sie dann später im Wasser zu übernehmen, ist unbedingt darauf zu achten, daß diese nicht in der Nähe der „Absprungstelle" der übrigen Taucher plaziert werden. Achtet man darauf nicht, kann es durch nachfolgende Sportkameraden zu ernsten Unfällen kommen.

Tips für die Praxis – unter Wasser

Kommunikation Wichtig ist eine gute Verständigung zwischen dem Fotografen und dem Tauchpartner bzw. dem Modell unter Wasser. Hierzu sollte man sich vorher ausreichend absprechen. Bei schon bekannten Motiven hilft eine Skizze, an der das Modell im voraus erkennen kann, wie sich der Fotograf das spätere Bild vorstellt.

Eine vorweg aufgestellte Kommunikationsliste, deren Hinweise an das Modell unter Wasser nur noch mit dem Finger angetippt werden, ist sehr hilfreich.

Auch die gute alte Unterwasserschreibtafel hat noch lange nicht ausgedient und kann bei der Kommunikation zwischen Fotograf und Modell wertvolle Dienste leisten.

Ausstattung Die geeignete Kleidung des Modells trägt auch zum Gelingen der Unterwasseraufnahmen bei. So sollten Masken mit schwarzem Gummi als Maskenkörper vermieden werden. Da Sie jedoch nicht von jedem Tauchpartner die Anschaffung einer fotogenen Maske verlangen können, ist es ratsam, sich selbst eine kleine Auswahl zuzulegen.

Achten Sie rechtzeitig darauf, daß Ihr Modell „ordentlich angezogen" ist. So ist z. B. ein am Maskenband herumschlabbernder Schnorchel hervorragend geeignet, eine ganze Fotoserie zu verderben. Auch weitab vom Körper baumelnde Ausrüstungsteile wie der Finimeter oder der Zweitautomat tragen nicht zur

Unterwasserfotografie

eleganten Erscheinung eines „Fischmenschen" bei. Solche Details wirken hinterher im Bild ungemein störender als „live", wo sie fürs Auge „dazugehören".

Ein Tip für Makrofotografen
Unschöne Algenfäden und Zivilisationsmüll verunzieren oft gerade die reizvollsten Motive. Mit einer großen (wegen der dicken Handschuhe) Pinzette lassen sich unfotogene Kronenkorken, Getränkedosenverschlüsse und ähnliche Ärgernisse auf für das Motiv unschädliche Weise entfernen. Daß Sie diesen Krempel dann am besten gleich nach dem Tauchgang an Land ordnungsgemäß entsorgen und nicht einfach zwei Meter weiter im Wrack oder Riff liegenlassen, ist doch klar!

Wichtigste Einstellung – die eigene
Nun haben wir uns mit einigen technischen Möglichkeiten befaßt und entdeckt, daß wir mit unseren fotografischen Wünschen immer weniger zurückstecken müssen – die Branche ereifert sich, jeden von uns zum Kleinbild-Michelangelo der Meere werden zu lassen. Und da spielt der Kumpel am Clubtisch so nebenbei mit seinem Camcorder ...

Der Beweggrund, warum wir UW-Fotografie betreiben wollen, wird letzten Endes bestimmen, ob wir ein sehr persönliches Medium zur Kreativität beim Tauchen gefunden haben, zudem mit dekorativen Erinnerungen, oder uns aber mit erheblichem Aufwand eine Frust-Laus in den Pelz setzen. Es liegt einzig an dem Menschen mit der Kamera in der Hand – an uns selbst.

Der Camcorder ist ein ausgezeichnetes Mittel zur Dokumentation, doch Stimmungen, Gefühle und spezielle Erlebnisse kann er für uns, wenn überhaupt, nur in Ausnahmefällen (und wenigen entsprechend geübten Händen) festhalten. Das hat mit unserem geistigen Umgang mit optisch aufgenommener Information zu tun. Beispiel: Der Camcorder nähert sich frontal einem Fisch; der ist sichtlich argwöhnisch, und wenn seine Annäherungsgrenze überschritten ist, stiebt er mit einem Flossenschlag davon. Beim späteren Anschauen lachen wir über die lustig wirkende Szene. Derselbe Fisch als gelungenes Großfoto: Wir begreifen mehr von der Kreatur, können den Augenblick dieser Begegnung nachempfinden. Ein Foto regt den Geist weit mehr an, als es bewegte Sequenzen tun, die das Auge nicht als *einzelne Bilder* wahrnimmt. Und genau diese „Beschaulichkeit" des visuellen Produkts macht den Reiz der Fotografie aus.

Stecken Sie den Parcours Ihrer Fotoziele bewußt ab – Sie werden ihn von Zeit zu Zeit verändern –, aber bitte so, daß Sie die Hürden nehmen können und Spaß daran haben. Was auch immer Sie unter Wasser besonders interessiert, gönnen Sie sich die sogenannten „Schnappschüsse" und amüsieren Sie sich über die bei den meisten von uns unweigerlichen Motivwiederholungen (wobei man bei Seesternen hinterher nie ganz sicher sein kann ...). Die bereits angesprochenen Bilder anderer Fotografen sind zum Genießen und Lernen gut, nicht jedoch zum Nachahmen. Bei einem ähnlichen Wissens- und Übungsstand komponieren und malen Sie auf Film selber.

Und sollten Sie gerade mit der UW-Fotografie beginnen: Wann immer Sie Ihre Fotos betrachten, ist ein einzigartiger Tauchgang an einem gewissen Tag und Ort wieder gegenwärtig, und Sie können sich darüber freuen ...

Literaturhinweise und Quellenangaben

Breyer, Siegfried: Die *Deutsche Kriegsmarine 1935-1945*, Band 2, Podzun-Pallas-Verlag, Friedberg 1986.
Feininger, Andreas: *Farbfotolehre*, Wilhelm Heyne Verlag, München 1983.
Frei, Herbert: *Blitzlichtfotografie unter Wasser*, Verlag Stephanie Nagelschmid, Stuttgart 1988.
Friedrich, Ehrhard, Verlag GmbH & Co. KG., Seelze. *Unterricht Biologie*, Nr. 186, Juli 1993.
Gerthsen, Chr., Kneser: *Physik*, Springer Verlag, Berlin 1971
Gröner, Erich: *Die deutschen Kriegsschiffe 1815-1945*, Band 2, Bernard & Graefe Verlag, Koblenz 1983.
Kühn, Volkmar: *Schnellboote im Einsatz 1939-1945*, Motorbuch Verlag, Stuttgart 1991.
Ostertag, Reinhart: *Deutsche Minensucher – 80 Jahre Seeminenabwehr*, Koehlers Verlagsgesellschaft mbH, Herford 1986.
Weis, Kamillo: *Unterwasser Fotografie*, Bussesche Verlagshandlung GmbH, Herford 1979.
Weis, Kamillo: *Wunderwelt der Unterwasserfotografie*, Laterna magica Gmbh & Co. KG., München 1981.

Bildquellen:

Vorspann *Freedom:* Peter Hübner, Waldeck
S. 60 *S 103*: mit freundlicher Genehmigung von Lt. z.S. a.D. Karl Friedrich Künzel, Kiel
S. 71 *Inger Klit*: Bent Mikkelsen, Sydals, Dk
S. 85 *R 266*: WZ-Bilddienst, Wilhelmshaven
S. 90 *Morten Trans*: Bent Mikkelsen, Sydals, Dk
S. 98 *Svendborgsund*: Bent Mikkelsen, Sydals, Dk
S. 109 *Nordland*: WZ-Bilddienst, Wilhelmshaven

Notfall-Adressen

Druckkammeranlagen mit 24-Stunden-Bereitschaft/Beratung

Institut für Hyperbare Medizin
und Tauchmedizin an der
orthopäd. Klinik und Poliklinik
der Freien Universität Berlin
Clayallee 223 · 14195 Berlin
Tel.: (030) 81004-1

St.-Josef-Hospital Laar
Ahrstr. 100 · 47139 Duisburg 12
Tel.: (0203) 80010 oder 8001-620

Druckkammerzentrum Hannover
Inst. für hyberbare Sauerstofftherapie
Lister Krankenhaus
Lister Kirchweg 43 · 30163 Hannover
Tel.: (0511) 96561-0

HBO-Zentrum Rhein-Main
Reifenberger Str. 6
65719 Hofheim/Taunus
Tel.: (06192) 5062
außerhalb der Dienstzeiten:
Tel.: (06192) 5095
(Rettungsstelle MTK)

ab Herbst 1995:
Rotes Kreuz Krankenhaus
Hansteinstr. 29 · 34121 Kassel
Tel.: (0561) 3086-1

Schiffahrtsmedizinisches Institut
der Marine
Druckkammeranlage HYDRA 2000
Kopperpahler Allee 120
24119 Kronshagen
Tel.: (0431) 5409-1711 oder -1715
Zentrale: (0431) 5409-0

Universitätsklinik Mainz
Institut für Anaesthesiologie
Langenbeckstr. 1
55131 Mainz
Tel.: (06131) 17-2515 oder 17-0

Branddirektion München
Feuerwache 5
Arbeitsgruppe Hyperbare Medizin
der Technischen Universität München
Anzinger Str. 41
81671 München
Tel.: (089) 40 66 55

Städtisches Krankenhaus Überlingen
Härlenweg 1
88662 Überlingen
Tel.: (07551) 9 90

Bundeswehrkrankenhaus Ulm
Oberer Eselsberg 40
89081 Ulm
Tel.: (0731) 171-2285 oder -2286

Österreich:
Druckkammer Graz
Chirurg. Universitätskl., Department
für Thorax- u. Hyperbare Chirurgie
A - 8053 Graz
Tel.: (0316) 385-2205 oder -2795

Arbeitsmedizinisches Diagnostikum
Wien West (ASB)
Matznergasse 22
A - 1140 Wien
Tel.: (0222) 914 4700